河出文庫

日航123便墜落
遺物は真相を語る

青山透子

河出書房新社

文庫版　はじめに

死者の声を聴く――。

これは、検死医師の法医学教授に教えていただいた言葉である。

私はこの言葉を肝に銘じ、雑音や雑念を取り去り、日航123便で亡くなられた521人（胎児も含む）の声を聴くことに専念して、この本を書き上げた。

二〇一八年に出版した際、筆舌に尽くしがたい遺体状況を世の中に伝えるには一体どうすればよいのだろうかと悩んだ。死者の声を届けるためにも、裁判への道を模索していた。長年、誰も責任を取らず、墜落原因が不明でありながら再調査もせず、二〇一三年に運輸安全委員会のホームページに公開された「事故調査報告書」付録に書いてある「垂直尾翼に十一トンもの力で着弾した異常外力の着力点」について、遺族への説明も一切なかった。

それにもかかわらず、不思議なほど8・12連絡会は全く動かず、非番でたまたま乗客として乗り合わせていた生存者で元日航客室乗務員、落合由美さんも沈黙のままであった。その間、日本航空は、後部圧力隔壁修理ミスを強調するような社内教育を続け、世間に対しても、安全啓発のためと言いつつ、推定と矛盾だらけの展示物を並べ、上野村小学校生徒たちによる目撃証言集「小さな目は見た」を書庫の奥深くに隠し、遺族提供の写真も、123便の窓から外を撮った写真（拡大するとオレンジ色になる黒点が写っている）を展示から排除し、まるでその写真がなかったかのように細工した。展示品の垂直尾翼の黒い擦れた跡は、きれいに掃除された。つまり、世間に対して作為的に偽りの事故原因を流布する役割を担ってきたわけである。日航安全啓発センターは、啓発どころか、欺瞞に満ち満ちている。せめて当時を知る私のような元日航社員が、遺族のためにもこの事実を明らかにする責務があるだろうと考えて、今まで調査をしてきたのである。

そして、ようやく茨の道が法廷への道に変わった。二〇二一年三月二十六日、東京地方裁判所にご遺族の吉備素子さん、佐々木祐副操縦士の実姉の市原和子さんが情報開示を求めて提訴した。しかしこの裁判過程では実に様々な出来事が勃発した。日本航空の背後に政府や防衛省の姿が見え隠れし、裁判所を巻き込んだ出来レースだったのではないかと疑いたくなるほどの不当判決となった。

二〇二三年二月二十一日、今度は東京高等裁判所に舞台を移し、控訴審の口頭弁論が開始したが、その裁判長の言動にも同じような雰囲気が漂っている。判決がどうなろうとも、最高裁に521人の声を届けなければ真相は闇に葬られる。日本航空は、乗客の命を預かった責任として、遺体が語る叫び声を聴かなければならない。

私たちは、目をそむけたくなる凄惨な遺体状況を直視し、五二〇名が人として生きてきた証として、尊厳の念を持ちながらその死因の真相を究明しなければならない。そして、次のような事実を認識しなければならないのである。

昭和六二（一九八七）年六月一九日公表の運輸省航空事故調査委員会「航空事故調査報告書」の七九頁、「〜このことから異常外力が発生したと考えなければ、DFDR（飛行記録装置）記録値の説明ができないことがわかった」。

平成二五（二〇一三）年一般公表の運輸省航空事故調査委員会「航空機事故調査報告書付録」の九五頁、「18時24分35・70秒において〜約24キロ・ポンド（約11トン）の前向き外力が作用」。同じく一〇一頁、「〜それぞれ異常な外力が作用したことが確からしく考えられる」。そして、垂直尾翼に着弾した異常な外力点の図表が一一六頁に記されているのである。しかし、いまだにこの「異常外力の着力点」を調査していない。世間は不起訴となった後部圧力隔壁説をいまだに信じ込んでいる。だからこそ、私たちの知る権利がそれを解明しなければならないのである。

第一章　この墜落は何を物語るのか

第二章 焼死体が訴えていることは何か

第三章

遺物調査からわかったことは何か

第四章 証拠物と証言が訴えていることは何か

日航123便墜落
遺物は真相を語る

第一章

この墜落は何を物語るのか

国産ミサイル開発の最中の墜落

御巣鷹の慰霊碑

上野村の桜の下で

また三十三年前のあの日が静かに近づいてくる。

上野村全体が薄紅色に染まる四月、地元で「仏乗桜」と呼ばれている樹齢約五百年のしだれ桜は、中正寺の境内にそびえ立ち、お寺の屋根瓦を桜色に染めていく。

その樹高二十五・二メートルの古木は、長く険しい年月を生き抜いてきた重みも感じさせず、そのしだれた枝は巨大な翼を広げ、まるで天空を舞う極楽鳥のごとくに見えた。

枝先の花々が風に揺れるたび、はらりと落ちる花びらに、私は一滴の涙を見た気がした。

その「涙」はあの日を忘れてはいけないと語りかけているようであった。

灼熱の夏に消えたあの人を想いながら、流す「涙」が一粒でもある限り、私たちは真実を追究し続けなければならない。

五百二十人ひとりひとりの人生が突然断ち切られ、残された家族の未来も止まったあの時。

蒸した夏の匂いがいつもあの日をよみがえらせる。

何年経っても衝撃的な記憶はずっと心に深く残り続ける。

なぜ、ファントム二機が墜落前の日航機を追尾していた事実を自衛隊は隠すのか。

なぜ、日航機の機体腹部付近に、赤い物体がくっついていたのか。

なぜ、上野村住民たちが真っ赤な飛行物体を目撃したことに注目しないのか。

墜落場所が不明という報道にもかかわらず、その日の夜のうちに自衛隊車輌や機動隊車輌が上野村に集結したのはなぜか。

これらの鮮明な記憶は唐突な発言でも曖昧なものでもなく、当事者が実際に見聞きしたことを記憶が生々しいうちに書き記したものである。三十三年間、真摯に向き合って取り上げる人がいなかっただけであり、これらの複数の目撃情報や疑問に対して「そんなはずがない」、「記憶が曖昧だ」、「あり得ない」といった批判をする人がいるが、自分が信じられないからといって否定する根拠にはならないだろう。

再調査を願ってきた遺族や、別の原因を追究してきた人たちに対して「別の事故原因を主張すれば、ご遺族の中で不快感を持つ人もいるのでやめるべきだ」という不用意な言葉を使う人もいる。そう思われるご遺族もいるだろうが、それで疑いを持つことに対して否定する理由には当たらない。それが逆に事故原因に疑念を持つ人が声を上げにくい環境を作ってきた言葉であるのは事実であり、特にジャーナリストや日航にいた人などが、この言葉を常套手段で使ってはならないのだ。

表面的には後部圧力隔壁破壊説を検証すると称し、事故調査委員会が出した結論と異なる見解を、何の検証もせずに異説や少数説、荒唐無稽説として否定し、そちら側に目が向かないように排除してきた人たちは、なんらかの意図をもって作為的に行っているとしか思えないほど欺瞞に満ち満ちており、それで民意を誘導しているつもりなのだろうか。

なぜならば遺族の方々は、運輸安全委員会（事故調査委員会が二〇〇八年十月に名称変更）による二〇一一年の解説書が出るまで事故調査委員会への質問の中に、墜落原因が異なる可能性についても検討してほしいと重ね重ね要請してきたのである。

もちろん、今もなお遺族の中には真相究明に執念を燃やしている人たちもいるのである。

私は信念を持って、死者の語りたくても語れない「声」を聴こうとし、見過ごされた人びとの想いを伝えて世に問うているのである。誰もがこの問題を避けてきた事実は明らかだ。

昨年、前著[1]『日航123便　墜落の新事実』（以下、『墜落の新事実』と略記）において、さらなる目撃情報や新たな墜落原因の可能性について調査をした結果を提示した。案の定、火消しのように運輸省事故調査報告書を擁護する本が慌てて出版されたが、すでに事故調査委員会の出した不確かな結論を、いまさらながら補強する必要性などないはずだ。当時のままで止まっているその人たちの情報量と、今日まで長い年月をかけてコツコツと小さな目撃証言や証拠物の調査を積み重ねてきた結果、別の視点でこの墜落事件を取り上げることになる筆者の情報量とは大きな差がある。

この事件は単独機として世界最大の犠牲者を出したのであり、五百二十名の失われた命を考えれば、たとえ三十年以上の年月をかけて事実を積み上げてきた結果が事故調査報告書と異なるものになったとしても、それを一括りにして「陰謀」という安易な言葉を用い、事実を否定する根拠は何処にもないのである。

いつまでたってもこういった発言を繰り返す人の心根は一体何だろうか。

真実が明らかになることへの焦りとしか思えず、おそらく真の墜落原因が明らかになれば不都合が生じる組織や、当時の関係者の必死の抵抗なのだろうが、逆にこういう人が出てくるからこそ、そこには不都合な事実があるとしか思えない。

そのような中で、私の調査結果について「まさかそんなはずはない」と言わなかった人たちがいる。私がお会いした元自衛隊員たちや、零式戦闘機搭乗員の訓練を受けた直後に終戦となり、自衛隊を経て日航機長となった信太正道氏、海軍少佐で零式戦闘機教官だった上野村村長の黒澤丈夫氏である。日航１２３便の検死担当医師がまとめた「ご遺体状況一覧表」に書かれた内容からは、明らかに武器燃料を被ったのではないかと思われるのだが、自衛隊の武器が関係している可能性があるのではないだろうか、という私の見解について「なるほど」と納得していただいた。実際に戦闘機に乗って戦う訓練を受けた人間や、レンジャー過程を修了した特殊隊員のようなスペシャリストで、過酷な戦闘訓練の経験を重ねた人のほうが、そういうことはあり得ると思った、ということになる。

つまり、経験のない部外者や都合の悪い部内者がとやかく言える次元のことではなく、そのような人たちの勝手な憶測による否定などは、真相を明らかにするのに障害こそあれ、何の役にも立たないのである。

その不都合な事実は、ほんの一部の人間にとって不都合なだけであって、事実を表に出して市民全体が情報を共有しなければ、罪を消し去ろうとする勢いを止めることはできない。

さらに情報の不透明さは誤った判断を生じさせ、偽りの土台の上に立つ決断は、未来をゆがめる。あっという間に無知な愚衆が多数となり、相手国を思う想像力と罪悪感が欠落し、戦争へと向かったのは歴史が証明している。

当然のことながら公開される公文書は、公務員が国民のために責任を持って作成した正確で正しい内容でなければならない。それが意図的に上司や権力者側にすり寄って改ざんされていた場合や、文書そのものが不存在の場合は民主主義の根幹を揺るがしかねない。

信憑性のないような公文書で私たちはどうやって正しい判断ができようか。

情報を遮断して脅威を煽り、権力者を祭り上げて利益を得ようとする人たちは、いつの世でも出没してくる。誰も生データなどの証拠資料を公表しないのをいいことに、新事実を否定して隠蔽しようとする人物の存在があるとするならば、それは許されることではない。そのためにも情報を公開していかなければならず、さらに冷静に一つずつ検証していかなければ事の真相にはたどり着けない。

こういう世の中において、今こそ事実を詳細に伝えなければ本当の意味での航空機墜落の再発防止などは望めず、国の未来まで捻じ曲げられると懸念して、私は本著を書かざるを得なくなったのである。

一体あの時、何が起きていたのか。

それにはまず、一九八五年八月十二日にあの事件が起きる数日前、一体どのようなことがあったのか、当時の防衛庁自らが発表した自衛隊の訓練の動きを追ってみたい。

墜落直前まで国産ミサイル開発本格推進

墜落四日前―八月八日

「地対艦ミサイル部隊を新設―防衛庁五九中期業務見積り原案を報告（毎日新聞一九八五年八月八日付）」

当時の中曽根康弘首相は「海空重視」として、シーレーン防御や水際撃破能力強化を整備方針とするとし、防衛費の対国民総生産（GNP）比一％枠撤廃を目指す発言をしていた。それを受けて防衛庁が国防会議で公式に報告した内容は次の通りである。

① 北方重視の観点より、陸上自衛隊の師団改編や地対艦ミサイル部隊も新設する。

② P3C対潜哨戒機(2)を百機体制とする。

③ 地対空ミサイル部隊は旧式ナイキからすべて新型パトリオットに切り替える。

これらを軸として、具体的には、陸上自衛隊は全国の戦車部隊の北海道、青森に占める比率を四七％から六〇％へ高め、昭和六十二年度に開発完了予定の地対艦ミサイルＳＳＭ－１[3]を導入、空中機動力強化のための対戦車ヘリコプターのＡＨ－１Ｓ、輸送ヘリＣＨ－47の増強を図ると書かれている。海上自衛隊も主力としてＰ３Ｃを百機体制に充実させ、新型艦対空ミサイルシステム護衛艦のイージス艦調達を視野に入れて、洋上防空全般の研究を続けていきながら導入を検討する、としている。航空自衛隊は、作戦用飛行機の約四百三十機達成を期し、Ｆ15[4]戦闘機とＦ４の比率を五対五から七対三に高め、地対空ミサイルは新型パトリオットにすべて切り替えるということだ。

これが墜落四日前の一九八五年八月八日、防衛庁発表の報道内容である。

何か物事が起きるには必ず予兆がある、とすれば、この日航機墜落四日前の首相の発言と公式発表は無視できない。中曽根首相の発言に基づいて陸海空と一斉に装備増強をぶち上げており、これはまるで今の安倍内閣と同じ傾向である。最大の脅威となっていたのがソビエト連邦（当時。現在のロシア）であった。実はこの年一九八五年三月にソビエト連邦共産党書記長に就任したのがミハイル・ゴルバチョフ氏で、ソ連国家の指導者として米国との冷戦や軍拡競争に終止符を打った人である。軍縮と経済政策を一気に推し進め、四年後にはベルリンの壁崩壊、東西ドイツの統一につながった業績が評価されて一九九〇年にノーベル平和賞を受賞した。一方、ソ連の脅威に対して軍拡を進めていたロナルド・レーガン米国大統領は当時「スターウォーズ計画[5]」を推し進めていたが、ゴルバチョフ氏の登場でこの計画はその後消えた。その時日本は、北方を意識して仮想敵の存在を強調することで軍備を増強していたのである。

さて、防衛庁は洋上研究を行いながら、二年後に開発完了を目指して地対艦ミサイルＳＳＭ－１を実験している様子が手に取るようにわかってくる。地対空ミサイルにおいても新型パトリオットに切り替えることや、艦対空ミサイルシステム護衛艦調達も検討中とすれば、そういう訓練を日々していた時期だった、という事実が明確となってくる。

墜落二日前――八月十日

「陸自のＳＳＭ－１誘導飛行に成功（朝日新聞一九八五年八月十日付）」

防衛庁技術研究本部の発表によれば「我が国の最先端技術を駆使して開発中の地対艦ミサイルＳＳＭ－１のプログラム誘導による飛行テストを九日、若狭湾海上にて実施し、計算通りの飛行に成功した」ということで、飛行テスト実施状況が詳細に記されている。

陸上自衛隊としては、このミサイルを侵攻兵力に対する洋上突破能力の柱として、今後三・五個隊（一個隊で六連発発射機十六両）を編成する方針としている。ミサイルのプログラム誘導飛行は開発のかなめとして大変重要な部分であり、これを達成したことで予定通り二年後に開発完了となり、装備化正式決定が可能となった、とある。

ＳＳＭ－１の射程としては、約百五十キロであり、敵艦船に近づくまでは、あらかじめプログラム入力された指示に従って飛行、探知をさけるために低空で、山腹を縫うように飛んで海上に出るようにする。このためには、プログラムや誘導機構とも大変複雑となっており、高性能が要求される。陸上から発射されて、これだけ長距離を飛ばすことができる射場が国内にはないため、テストでは飛行機からミサイルのエンジンに点火をし、それを落として飛ばすという形で行われた。航空自衛隊が協力して、石川県小松基地からＴ２ジェット練習機がミサイルを抱えて飛び、Ｆ４戦闘機、Ｃ１輸送機が安全確認やデータ収集にあたっていた。陸上自衛隊技術研究本部はこの結果を分析中であるが、今回の成功で「開発の大きな山場を乗り切った」と評価している。この後数年間、ミサイルの目であるレーダーを作動させて位置を確認し、敵艦に突入するテストなどを行い、成功すれば実用試験弾による実射試験をしていくスケジュールである、としている。

さて、この洋上訓練に注目してほしい。

防衛庁が実験しているミサイルの動きは、前著『墜落の新事実』で記した静岡県藤枝市で目撃した小林美保子氏の証言とその動き方がぴったりと一致する。低い高度で山腹を縫うように日航機の腹部にくっついているように赤い物体が飛行していた様子は、小林氏のみならず上野村村民にも目撃されている。『小さな目は見た』という上野村立上野小学校の子供たちが書いた文集では、「真っ赤な飛行機」を見たとの記述があった。その後も赤い物体の目撃情報は続いている。

そのミサイルのプログラムは高性能で複雑なもので、日系企業が中心となって開発しており、飛行距離も射程も百五十キロ以上であることからも、高度が下がった日航機を追尾する可能性は十分ある。ファントム戦闘機二機が並行して飛行して訓練している状況は、目撃情報と同じだ。安全確認やデータ取りで、航空自衛隊も協力していた、とある。こうやって着々と飛行テストのスケジュールをこなして、国産ミサイル開発を行っていたのが、墜落発生の二日前なのである。

墜落前日――八月十一日

「国産ミサイル本格推進――防衛庁方針（読売新聞一九八五年八月十一日付）」

国産ミサイル本格推進　防衛庁方針

空対空と巡航2種

59中業で実用化図る

防衛庁は、洋上防空、水際防衛で決め手となるミサイルについて、世界的にトップレベルにあるわが国の高度先端技術を駆使しての国産化を推進する方針を決め、来年度から新たに空対空ミサイル（短射程、格闘用）と空対艦、艦対艦巡航ミサイルの開発に着手する。空対空ミサイルは六十四年度、巡航ミサイルは六十五年度と、いずれも五九中業期間中の実用化を目指す。これらミサイルを含む研究開発は来年度予算の概算要求の最大の目玉となっており、同庁は対前年度比三二％増の約五百七十億円を要求する方針だ。

わが国周辺の軍事情勢は、極東ソ連軍の増強などにみられるように厳しさを増している。防衛庁はこうした情勢を踏まえ、わが国周辺の洋上防空やシーレーン（海上交通路）防衛の強化を最大の眼目にしている。

このため、五九中業（六十一年度から五年間の主要装備調達計画）では、迎撃戦闘機F15、対潜哨戒機P3Cの増強や、多目標を同時にミサイルで撃破できるエイジス艦の導入も含めミサイル護衛艦の整備を急ぐ方針だ。

新しい艦対艦ミサイル、空対艦ミサイルのモデルになる地対艦ミサイル（SSM―1）の試射実験

わが国独自の技術力による武器等装備の開発については、中曽根首相も積極的な姿勢を示しており、五九中業の作成にあたっても、洋上撃破、水際撃破の観点から、ミサイルなどの国産化を推進するよう指示しており、新たに開発することになった三種のミサイルは、こうした考えを具体化するものだ。

空対空ミサイル（AAM）には射程が短い格闘用（赤外線追尾方式）と長射程用（レーダー誘導式）の二種類があって、航空自衛隊では、現在、前者として「サイドワインダー」、後者として「スパロー」と、いずれもアメリカ製のミサイルを使用している。

今度開発することになったのは、前者の赤外線追尾方式によるミサイル。防衛庁は四十年代にサイドワインダーをモデルにした「AAM―1」を開発したことがあるが、性能がよくないため、約三百五十発を作っただけでその後は生産を中止した経緯がある。

その後、超LSI（大規模集積回路）を導入したコンピューター等の発達などに伴って同庁技術研究本部のミサイルに関する技術力も向上、低緯度でも反応する赤外線追尾方式によって、これまで目標機の後方からしか撃てなかったものが、側面ばかりでなく、前方からの発射も可能になったという。

一方、巡航型の艦対艦ミサイル、空対艦ミサイルは、陸上自衛隊が六十三年度からの実戦配備を予定している地対艦ミサイル（SSM―1、射程約百五十キロ）を母体に開発するもの。

現在、艦対艦ミサイルとしては「ハープーン」（アメリカ製）、空対艦ミサイルは「ASM―1」（国産）があるが、新巡航ミサイルのモデルとなる地対艦ミサイルSSM―1の試射実験結果で、性能ではこの二種をはるかにしのぐことが証明されており、世界的にも注目される巡航ミサイルとなるとみられる。

モデルとなる上記写真SSM-1は全長5m、重量660kg。ミサイル本体に4枚の翼、尾部に4枚の安定翼を持ち、地形回避能力、目標選択アルゴリズムを備える。正式名称は「88式地対艦誘導弾」で、陸上自衛隊が装備する地対艦ミサイルシステムである。製造は三菱重工業。

「日航123便　墜落前日の記事」
（読売新聞1985年8月11日付）

この記事にはミサイルの写真も出ている。練習用のミサイルの色は朱色、つまりオレンジ色である。記事によれば、我が国独自の技術力による武器等装備開発について、中曽根首相の積極的姿勢から国産ミサイルを推進するよう指示されていたことが明確にわかる。

防衛庁の発表によれば、空対空ミサイル（AAM）で射程が短い赤外線追尾方式と長射程用のレーダー方式の二種類があるが、現在（当時）は前者がサイドワインダー、後者がスパローといずれもアメリカ製のミサイルを使用している。そのうち、国産を目指すのは、前者の赤外線追尾方式ミサイルである。防衛庁では昭和四十年代にサイドワインダーをモデルとして「AAM－1」[6]を開発したが、性能が良くないことから、約三百五十発で中止した経緯がある。しかしながらその後、超LSI（大規模集積回路）を導入したコンピュータ等の発達に伴い、技術も向上して、低温度でも反応する赤外線追尾方式により、目標機の後方からしか撃てなかったのが、前方や側面からも攻撃可能となったということだ。

また、巡航型艦対艦ミサイル、空対艦ミサイルは、陸上自衛隊が六十三年度から実戦配備予定の地対艦ミサイル（SSM－1、射程距離約百五十キロ）を母体として開発していく。現在（当時）は、艦対艦ミサイル「ハープーン（アメリカ製）」、空対艦ミサイル「ＡＳＭ－１（国産）」であるが、新しい巡航ミサイルのモデルとなる地対艦ミサイルＳＳＭ－１の試射実験結果によれば、現在（当時）のものよりもはるかに性能が高く、世界的にも注目される巡航ミサイルとなる可能性が大きいと防衛庁は自ら称賛している。

試射実験によって高い評価を得た国産ミサイル開発は、その複雑なプログラムを克服して、着実に成果を上げている様子がわかる。

これらが日航１２３便、墜落前夜までの自衛隊の動きである。そして八月十二日、相模湾にて、自衛隊護衛艦「まつゆき」の試運転、という流れなのである。墜落日まで、自衛隊が国産ミサイル実験のデータ取りや研究を繰り返していたことが明確となったが、だからといって訓練中のアクシデントによるかどうかは、これだけでは明確にわからない。あらゆる方向からその可能性について検証していくことにする。

東京から大阪行きの上空は、当時空の銀座通りというほど、同時刻発の全日空機や多くの飛行機が飛んでいたはずであり、そのようなところで訓練をしていたとはにわかに信じがたい。

八月九日に日本海側（若狭湾）での国産巡航ミサイルの飛行テストが無事成功したのはよいが、なぜ今度は相模湾で行ったのかがまず疑問である。ある軍事関係者の詳しい話では、次の訓練として大型爆撃機または大型輸送機をターゲットとして訓練したのではないだろうかということであったがこれはあくまでも仮説である。特に、考えられるとすれば当時のソビエト連邦が一九八三年に初飛行を行った空中給油機イリューシン78（Ⅱ－78）を模したジャンボジェットが狙われたのではないだろうか、その際、雫石（しずくいし）事故（一九七一年七月、自衛隊訓練機が全日空機に衝突し、乗客乗員百六十二名が全員死亡、自衛隊員はパラシュート降下し助かる）の教訓ということで、民間航空機を訓練のターゲットにしたのではいざというときに大変なことになる。したがって炸薬非搭載で形式だけのものであったはずだが、そこでなんらかのアクシデントが生じた。

ただ、腑に落ちないのはなぜ事故歴のあるＪＡ８１１９号機だったのだろうか、という点である。単なるジャンボであれば、他社便でもよかったはずだが、この飛行機でなければならない理由、そして元自衛隊にいたパイロットが操縦する機体でなければいけなかった理由がそこに存在するのではないだろうか。

これはあくまで推測の域を出ないが、突発的事態に備えての何重もの「保険」をか

約80人の遺体確認　日航機墜落

三崎沖に垂直尾翼

洋上飛行中トラブル

原因追及も本格化　生存4人だけか

洋上飛行中にトラブルとなり、試験運行中の海上自衛隊護衛艦「まつゆき」が、上部がめくれた垂直尾翼の一部を三崎沖で発見、一部を回収した。また、生存者を吊り上げる自衛隊写真だが、なぜかフジテレビのみ生中継を行った。なお、生存者発見から4時間以上御巣鷹の尾根上に放置され、日赤医師との直接交渉でようやく救助された。

「8月14日の記事」（毎日新聞1985年8月14日付）

けていたのではないだろうか。慎重に慎重を重ねて、言い訳や逃れる道を作っていたとしか思えない偶然である。これらについてはおいおい書いていくことにする。

なお通常、試運転には開発担当の日系企業の技術者も当然同席するとミサイル開発担当の企業から聞いたが、その旨はホームページにも掲載されている。それらの企業は事故後、急浮上した東京電力の群馬県上野村にある神流川（かんながわ）発電所[7]の設計に深くかかわっているのは本当に偶然なのだろうか。さらにこれらの日系企業は原発建設に特に深くかかわっており、その後国に救済を求めても事実上倒産した企業も含まれている。

なお、この神流川発電所を見学した際、年に数回位しか稼働していない旨を説明された。東日本大震災のことや原発の運転再開を思えば、御巣鷹の尾根直下に穴を掘って莫大なお金で作ったこの発電所の存在は、一体何なのだろうか。年に数回のために作ったのか、何のためにわざわざ作ったのか、ダムが余っていることを認識せざるを得なかった。このダム建設と合わせて、御巣鷹の墜落現場付近の山々は数年閉鎖されて慰霊登山ができなかった時もあるが、このダムのために上野村は固定資産税で潤い、御巣鷹の尾根への道路は立派に整備されて、最短距離で行けるように長いトンネルがいくつもできた。

いずれにしても防衛庁の発表によれば、日航１２３便の墜落四日前から、中曽根康弘首相の意向に沿った形で、防衛庁自らが開発していた国産の巡航ミサイルの洋上実験での成功を称賛し、世界初の射程距離を自慢していたのは事実である。

このような状況下、通常の感覚で誰もが推定できるとすれば、国産巡航ミサイルの洋上飛行実験中に突発的事故が起きて、日航123便の飛行中、伊豆稲取沖で垂直尾翼周辺に異変を発生させた。即座にファントム二機が追尾してその状況を確認した。自衛隊はそのミスを隠すために一晩中墜落場所不明としていた、と考えると筋が通る。

これは推論ではあるが論旨に破綻は生じない。なぜならばファントム二機による日航機追尾飛行も、山腹を縫うように飛ぶ赤い物体も、洋上での訓練内容も防衛庁が発表している状況と一致し、その訓練の最中に垂直尾翼が破壊されたことも、海上からドンという音がする数秒前にピュー、ピューと赤い光線が出たという目撃情報とすべてつじつまが合うからである。

しかしながら、決定的証拠を持つ側が政府であり、実施していたのが防衛庁であれば、今問題となっている「日報隠し事件」(8)からも分かるが、「日報」でもあれほど隠すのだから、この事件は一切表に出て来ない可能性のほうが強いだろう。それではよほどのことがない限り、疑惑が晴れる日が来ないということになってしまう。

そのような状況下で私たちはどうしたら真実にたどり着くことができるのだろうか。

刑法的アプローチ

前著『墜落の新事実』は、目撃者の証言を集めることから始めたものであった。今回は「遺体及び証拠物である遺物」の分析結果から、この墜落に関する事件性を問うものである。本著においてもこういった刑法的アプローチで書き進めていくことを明言しておく。

つまり、通常の殺人事件や傷害致死事件、遺体損傷といった刑事事件と同様に、目撃情報、遺留物、証拠品、遺体の検死結果といった視点から見ていくことになる。その理由は私の最初の本の刊行後対談した山下徳夫元運輸大臣（当時）との会話の中で、この墜落に関する事件性を痛感したからである。事故当初は疑惑を覚えた程度であったが、その後詳細に調べていく過程でそれはだんだんと確信に変わり、山下氏とお会いして、これは事故ではなく事件だと決定的に思うようになった。

当時、墜落原因とされた最大の証拠物の後部圧力隔壁だが、それを調査する前に、自衛隊員によって電動カッターで五分割されていたことは前著に書いた通りである。その電動カッターで切り刻んだ部分が修理ミスとされている部分と隣接している。つまり現場保存が初動捜査の段階で全くなされていなかった、ということになる。

次に目撃情報だが、生存者の証言も併せて、事故調査報告書にはほとんど記載されておらず、私が警察がやるべき仕事に代わって目撃情報を集めたということになる。遺留物においては全く科学的捜査がなされていないため、これも独自に集めた証拠品と遺留物から調査していくしか方法がない。DNA型鑑定も含めると八〇年代当時に比べて、現在は格段の進歩があり、より一層詳細に調べることが可能である。遺体に関する検視報告書に関しても事故調査報告書に記載されていることは通り一遍のことだけであり、乗客全員を分析したものはない。したがって私が独自に入手した内部資料をもとにして全員の遺体状況に関する分析を行う。その遺体に関して、事故調査報告書では検視の内容を少しだけ転記してほんの数行しか書かれていないが、五百二十名全員の命がどうなってしまったのかを、当時身元確認を行った医師とともに「遺体の声」を聴きながら深く掘り下げていく。

これは事件であり、事故調査報告書のように、ほんの数行だけ遺体状況を書いて済むような話ではないのだ。

最大の課題は、どこまで一般に未発表の資料を提示できるかである。

現在進行中の遺族による事故原因究明の訴訟の進捗状況も考慮しつつ、次々と予定されている法的な措置を視野に入れて考えながら議論を深め、弁護士たちにも相談してどの範囲まで情報を提示すべきか、どこまで一般の人びとへ伝えることが可能であるかを考え続けた結果、次のような結論に達した。

「事実を伝えることがノンフィクションである限り、死者の尊厳を守って、読者にわかりやすく、実感してもらうことで真相究明につながるのであれば、それは表現の自由の範囲であり、公序良俗に反することもなく、学術的観点からも必要なことである。情報不足で机上の空論を語る人や運輸省（当時）の発表を鵜呑みにしている人が多い中、そのような方々にも明確にわかってもらえるように、未公開資料も必要な部分においては提示すべきである。そして、その行為は公共の利益に資するものである。何よりも五百二十名という命が奪われた事の重大さを認識していただきたい」

私はこの信念を持って本書を書き進めていきたいと考えている。

まず「炭になってしまった遺体」の声を聴きながら、報道機関が掲載できないと判断した炭化写真も含めて実態を知ってほしいと願いながら、医師たちから託された疑問にも答えていきたい。

さらに、墜落当初の御巣鷹の尾根から大切に保管してきたいくつかの証拠物の化学的分析を行った。多数ある「遺物」の中から、可能な範囲で結果を提示したい。特に、二つの「塊」について初めて一般に公開して提示する。

「この物体は何なのか、どのような成分が出てきたのか。その表面に付着している黒い部分から何が検出されたのか」という視点から、弁護士立ち合いのもとで明らかになった事実を多くの人たちと共有したい。これは研究機関に依頼した客観的で化学的な分析の結果にもとづく見解であり、三十三年間も封印されてきた墜落原因の解明の一つとして、その結果から見えてきたものが何であっても、今後これらをもとにして新たな追及をすることは重要である。

私たちは、遺物を大切に守り、遺体の尊厳を忘れず、彼らが生きた証であることを認識し、彼らの最後の声を心で聞き、直視しなければならない。それが五百二十名に対する真なる弔いであり、私たちに課せられた課題である。

また前著で記載した群馬県警に「任意提出」させられたままの押田茂實氏のビデオテープ（『墜落の新事実』第三章参照）がその後どうなったのか。

それについても群馬県警から驚くべき回答が返ってきた。刻一刻と迫りくる裁判への道もあわせて書き記していきたい。

公文書としての事故調査報告書は国民の信頼に値するものか

まず、当時の群馬県前橋地検の担当検事すら「この日航１２３便事故調査報告書は曖昧だ」と言い放った公文書を鵜呑みにする人間がいまだにいることは、その人の持つ情報量が乏しいとしか言いようがない。

いまさらながら、運輸省（当時）事故調査委員会の一つの仮説にすぎない報告書を支持し続ける人たちは、なんらかの意図をもっているのではないだろうかと疑わざるを得ない。

当時の運輸大臣任命の委員による、運輸省内に設置された航空事故調査委員会に対して信頼を寄せることは結構であるが、それが本当に私たちの信頼に値するものであるのかどうか、そこに書かれた文書内容がすべて真実か否かは別の問題である。

日航123便の航空事故調査報告書（一九八七年六月十九日公表）は、担当検事の群馬県前橋地方検察庁検事正と三席検事でさえも、「修理ミスが事故の原因かどうか相当疑わしい」と遺族の前で説明し、「事故原因にはいろいろな説がある。圧力隔壁破壊がいっぺんに起こったかも疑問である。（中略）事故調査委員会の報告書もあいまいと思う」として、真の事故原因は解らない、と語っているような代物である（一九九〇年七月十七日前橋地検、8・12連絡会日航機事故不起訴理由説明会概要）。

さらにその解説書（二〇一一年七月付）も含めて、事故調査委員会が指摘する推定原因と結果との因果関係には疑念を抱かざるを得ない。そこに書かれている内容では、現場状況や目撃情報、遺体の検視報告書、生存者の証言、遺族提供の写真、整備士の証言と整合性がつかず、「急減圧ありき」という前提での事故調の言い分には、航空の現場をよく知る日本乗員組合連絡会議（ＡＬＰＡ　Ｊａｐａｎ）[9]も未だに納得していない。

しかしながら、このような事故調査報告書を、これが正しいと信じ込んでいる人が多く、それを前提として議論を進めてもなんの意味もないことに私たちは気づかなければならない。あの報告書で指摘する推定原因では、結果との間に確信が持てる因果関係が存在していないのである。

事故調査委員会（現・運輸安全委員会）側の事故原因を追究しようとする意気込みのなさは、海底に眠ったままの日航機残骸の存在にも表れている。

二〇一五年八月に、民間のテレビ局が日航１２３便の残骸を捜索して発見し、それは想定内の場所に未だに沈んでいる事実が明らかになった。直接的原因が発生した現場である静岡県東伊豆町の沖合二・五キロメートル、推定飛行ルートの真下、水深百六十メートルの海底にて日航１２３便の航空機部品、補助エンジンのＡＰＵ[10]などが水中カメラで撮影され、海底に沈んでいる事実が確認された。水深はさほど深くもなく、飛行ルートの真下でこのように民間でも発見できたのである。しかし、解説書が出た二〇一一年に運輸安全委員会（旧・事故調査委員会）は、場所が特定されずわからないゆえ、お金もなくて探せないという言い訳を数ページも書き、一切引き揚げを試みようともしなかった。その四年後に、それが嘘の上塗りであったことが明らかになったのである。そのような解説書を「やっとここまで来た」などと有難く受け取ってはいけないのは明白だ。

当時の元調査員が「引き揚げて調査すべきだ」とコメントを出しても、現在の運輸安全委員会はそれを無視し、再調査を積極的にやろうとする姿勢がまったく見られない。

遺族にとってもこの残骸の引き揚げは皆の悲願であったはずである。しかしいたずらに時間が経過し、遺族も高齢化が進み、引き揚げようとする意欲が失せていったのだろうか、そういった声が上がりにくくなっている。

このように、残骸の引き揚げ一つをとっても、後から徐々に明らかになっていくのであるから、いつまでも事故調査に対する不信感や疑問が出てくるのは当然であろう。

さらに、報告書に記載された数式の羅列は、その論文を依頼された人が先に結論ありきで導いた机上の空論であり、実機での再現性もなく、機体構造や現場状況、生存者による証言と矛盾が多々あり、当時の検察側が指摘しているのもこの点である。

これだけ矛盾の多い事故調査報告書をなぜ頑(かたく)なに主張する人がいるのだろうか。

それとも、遺族が群馬県警から聞いた「事故原因を追及すればアメリカと戦争になる」という言葉を信じているのだろうか。この発言をすれば人は黙り、自分側の正義が保てるとでも思っての判断なのだろうが、事実は異なる。

米空軍第三四五戦術空輸団所属の元中尉マイケル・アントヌッチ証言で明らかになったのは全くの逆であって、墜落直後に米軍が救助に向かったのを日本が断ったのである。

この日本側が断ったという事実について、当時の首相の中曽根康弘氏は自らの著書で「官邸ではなく、防衛庁と米軍が連絡をとっていただろう」と言い訳をしている。これは自衛隊の最高責任者として無自覚な発言であるのは明白だ。それにしても日航とボーイング社の修理の不全が事故原因にもかかわらず、なぜ米軍と自衛隊が連絡を取り合うのか。

さらに、墜落した翌日の八月十三日には米軍最高司令官、W・J・クラフ米太平洋軍司令官に勲章（勲一等旭日章）を授与している。中曽根氏は墜落現場に行くことよりも優先して、米軍に勲章を渡しているのになぜ戦争になるのか。何に対する勲章なのだろうか。

また、墜落の十五分前にファントム二機がJAL123便を追いかけて飛んでいるのを、現役自衛隊員も含めて複数の人たちが目撃して確認をしている。その後も目撃情報が多数よせられている。

日航機墜落前にファントム二機を飛ばした早急な対応について、せっかく国民から称賛を浴びる機会を自ら捨てて「日航機墜落現場の発見が遅れた」とし、そのことへの非難を「甘んじて受ける」と言い訳する理由もわからない。

何度も言うが墜落原因がボーイング社の修理ミスと日航なのだから、自衛隊が発見遅延の批判を浴びる懸念はなく、せっかく日没前に墜落前の日航機を追いかけたのだから「我われ自衛隊のおかげで早急な救助ができた」と胸を張って言えばよいではないか。

その一言で、凄惨な現場で過酷な遺体収容作業を行った大勢の自衛隊員が報われるのである。それが言えない理由は何故(なにゆえ)か。

なお、アントヌッチ氏は日本側の自衛隊が到着したと聞いて、安心して横田基地へ戻れという命令に服したにもかかわらず、翌日の報道で夜中から朝方まで墜落場所不明となっていたことに愕然としたと語った。それでは墜落現場で人命救助よりも何を優先していたのか、というのが多くの人たちの疑問である。

こうして三十三年間も曖昧のまま、真の事故原因の究明を公開の法廷で行いたいと叫び続けた遺族たちの声も届かず、一九九〇年に不起訴となって以降、最大の証拠物であるブラックボックスの中身を第三者が客観的に検証する機会を失ったのである。[11]

つまり、事故調査報告書に書かれた内容が本当かどうか、誰も検証することができなかったということになる。当然のことながら第三者が客観的に調査することができてこそ、それが本当に正しい報告書かどうかが初めてわかるのであり、運輸省の事故調査委員会といった情報収集の権限が与えられている側の書いたものであるから、第三者が誰もチェックしていないその報告書を盲目的に正しいと信じ込んでよいはずはない。

航空機事故調査と警察庁との覚書

飛行機事故という専門性の高い高度な技術を含む調査については、「その技術や資質を持った豊富な知識と見識のある者が技術調査官として取り組むべきものである」と航空事故調査マニュアルに書いてある。いわゆる「専門家」にその調査を委ねることになる。委員長及び委員の任命権者は運輸大臣（現在は国土交通大臣）であり、衆参両議院の同意を経て選ばれる。

この目的は、再びこのようなアクシデントが起きないように、パイロット等の罪といったいわゆる刑法的な面とは分離して事故調査のみに集中し、調査員にすべてを開示して包み隠さず話すことで将来の重大なインシデントを防ぐという点にある。この国際民間航空条約（ＩＣＡＯ条約）の取り決めに則って民間航空の事故調査は行われ、その条約を締結している日本もそれに従って行っている。つまり、航空機事故の再発を防ぐために行う調査であって、例えばパイロットの懲戒や訴追、処分などにつながるような目的に使用された場合は関係者が躊躇して情報収集ができなくなり、調査を妨げられることがあっては、公共の利益や安全に著しく悪影響を及ぼす、というのが趣旨である。

この点を遵守することの世界的な流れとしては航空機事故調査に重点を置き、警察による犯罪捜査と分けて行うようになっているのだが、日本に関しては覚書もあって、そうなってはいない点が遅れているとの指摘もある。その議論は一旦置いておき、ここで指摘したいのはそのことではなく、日航１２３便墜落に関しては、事故調査報告書の資料に警察がすべてを委ねざるを得なかった点に大きな問題があったと私は考えている。つまり、運輸大臣任命の委員によって、運輸省指導の下での犯罪捜査であった、ということである。

日本では一九七二年二月に警察庁と運輸省で航空事故調査委員会設置法案に関する覚書が交わされ、二〇〇八年には警察庁と運輸安全委員会との間で犯罪捜査及び事故調査の実施に関する細目を取り決めている（巻末の参考文献参照）。その中で「現場保存」は、「原則として警察が行うものとする、ただし、委員会が現場に先着した場合は、臨場した警察の現場保存責任者に引き継ぐまでの間、委員会においてこれを行うものとする」と記載されているが、日航123便の場合は墜落場所不明という報道に惑わされて、警察及び事故調査委員会が現場に到着する以前に、自衛隊員がいち早く現場に入山し、その現場で捜査前に証拠物件を電動カッターで切ってしまっていた、というのが事実だ。

「事故現場以外にある証拠物件」の項目では、「警察及び委員会のそれぞれの責任者が協議して措置するものとする（中略）警察が刑事訴訟法の手続により押収した後、必要により鑑定嘱託あるいは保管委託を行うものとする」と記載されている。

つまり、相模湾の海底に沈んでいる航空機残骸の回収について、当初、群馬県警側は捜索することに大変意欲的であったが、事実上、事故調査委員会に仕切られていたためにできなかった。

それについて群馬県警の警察官は「海底から何も発見できないなんて、そんな馬鹿な、と思ったんですよ。水深三百メートル程度の海底ですよ。どうして尾翼が発見できないいんだ。そう思ったけどね。しかし、文句は言えないんですよ。本当は俺たちにやらしてみろ、と言いたいんですよ。だけどね、運輸省っていえば、我々より、上級の官庁だから、群馬県警がしゃしゃりでたら都合のわるいことになっちゃうんだな」(吉岡忍『墜落の夏』新潮文庫版、二一三頁、十一—十五行)と話していたと書いてある。私がインタビューをした検死現場の医師たちも同じようなことを語っていたが、遺体安置所を視察にきた運輸省など中央官庁の官僚に対して最敬礼で迎える河村一男県警本部長の言動からも警察主導の難しさを感じていたとのことである。

その後河村氏は、運輸省に直談判しに行った遺族の吉備素子さんへの尾行や嫌がらせといった仕事に転職したようだが、一体どちらを向いて仕事をしてきたのだろうかと疑わざるを得ない。むしろ遺族に対して十分な捜査ができなかったと詫びるべきだろう。これらの行為は吉備さんから訴えられても仕方がない言動である。そして河村氏が語った言葉が「事故原因を追及すればアメリカと戦争になる」では、日航もボーイングも罪を認めているのだから、脅しとしても全くつじつまが合わない。

生データ開示の必要性

最大の証拠物であるブラックボックス（CVR、DFDR）の真正物（生の録音音声や生のデータ）を見聞きしたのは当初は航空事故調査委員会だけであり、事故調査報告書の記載内容については今なお、コックピット内の会話の空白部分やつじつまの合わない前後関係の言葉の矛盾について、長年実際に操縦に携わる人や専門家、目撃情報との乖離についても、いくつかおかしな点が指摘されている。

ただ、当然のことながらボイスレコーダーそのものは改ざんできる代物ではない。そのようなことは特に航空会社にいた人間であれば、誰もがわかっている。

コックピットと呼ばれる操縦室内の音声を録音したこの装置（CVR）は、航空機の事故調査用の機器で、事故発生時の状況を知るために備え付けられている。録音は三十分間のエンドレステープを使用し、古い内容を消しながら新しい内容を録音しているので常に最終の三十分間が確保されるようになっている。なおB－777では録音テープがソリッド・ステート・タイプに代わって、耐久性が向上し、録音時間も百二十分間に延びた。

確認しておくが録音されているのは次の通りである。

①　管制交信――無線にて航空機内にて送信、受信される音声通信の記録

②　乗員の会話――操縦室内で機長、副操縦士、航空機関士の三名の会話別音声通信。これはチャンネルごとに分けられている

③　インターフォン通信――航空機内のインターフォンを用いて行う操縦室内乗員間音声通信

④　機内アナウンス音声――乗客へのアナウンス、乗務員によるアナウンス系統を用いた音声

⑤　ヘッドセットかスピーカーに導かれる音声――信号音で航法や着陸援助に使用されるもの（マーカー音など）

乗員とエリアマイク収録音の4チャンネルとなっている。日航123便の場合、この音声録音については、例えば乗員組合では、「客室高度警報音ではなく、同じ警報音を使っている離陸警報音ではないか？　音が違う」、「自動操縦装置解除の警報音が確認できない」といった数々の疑問を主張してきた。しかし、運輸安全委員会は、二〇一一年の解説書ですでに説明しているとし、「検討経緯が残っておらず、どのような検討がなされたかわかりません」と曖昧な言葉で回答を避けている。

他にも遺族の「報告書内容の一番疑問視されている重要な箇所が、疑問符で止めて

あり、明確に記載されていません」というコメントにも、運輸安全委員会は「今般、遺族の皆様の疑問点についてできるだけ分かりやすく説明するために、報告書の解説を作成したもので、ご了承ください」と何度も同じフレーズを使って回答している。わからない、という疑問に対して、ご了承ください、と答えるのは見当はずれであろう。今、森友問題で不起訴となった前国税庁長官の佐川宣寿氏の「刑事訴追の恐れがあるから」と同じような答弁の仕方である。

このような状況のもとで真相を明らかにしようとすれば、原本、つまり生データ開示しかない。それにしてもどのようにして、ボイスレコーダーの記載を行ったのであろうか。

例えば、ボイスレコーダーの真正物の音声を流しながらカセットテープにでも再録音しておけば、当時流行っていたダブルカセットデッキ[12]を使って、ひとりでも編集は可能である。そんなことはあり得ない、と思いたい気持ちもあるが、隠蔽する側の人間は森友問題・加計問題[13]と同様にこの程度は簡単に行う。現在進行中の様々な隠蔽や改ざんで明らかになったことは、隠したい人間がその権限を握っている場合、いくらでも隠せるし改ざんできる、ということである。それに政府のお墨付きが得られれば何でも可能だ、と思い込みたいのだろうが、それは重大な犯罪である。

もし、ボイスレコーダーの会話が一部だけ抜粋されて都合よく編集されていたら……。

もし、書面では空白となっている部分に、実際は会話を妨害するためのノイズを後から入れ、聞きにくい状態にしてあったとしたら……。

こうやって簡単に録音テープで再編集したものがオリジナルと錯覚されてマスコミに流れていたとしたら……。

乗員たちによれば、「前後関係の意味がつながらないコックピット内の会話やなぜか突然の無音状態、音が異なる警報音が聞こえる」との指摘がある。乗員組合からも自動操縦装置解除の警報音が確認できないという指摘、ノイズ状態で聞き取れない部分が出てくる不可思議さ等々が指摘されてきた。

おそらく操縦に関しての素人が、慌てて不都合な部分を消したり、ノイズを入れたり、前後関係をわからずに切り取って再録音した結果、こうなった、ということのほうが、筋が通る。なお、コックピット内での会話が成り立っていないことを「機長らが低酸素状態に陥ったことで言葉が出なかったのであるから、急減圧はあった」と言い切る御用テレビコメンテーターもいるが、その根拠は何もない。

なぜならば「真正で生のボイスレコーダー」を聞いて確かめない限り、無音の状況を記載した空欄が本当に無言状態か、それとも後付けのノイズで聞き取れないのかどうか、わからないからである。さらに、そこにあったいくつかの会話や言葉が削除されていた可能性も否定できない。

フライトレコーダーも改ざんできる代物ではないが、その内容を一字一句確実に正確に事故調査報告書に転記しているかどうか、これも第三者が誰も確かめていない。最近の公文書改ざん問題も行政への不信を生む重大な事件だが、日航123便の公文書についても、恣意的な削除や変更がなかったと言い切れるだろうか。

ちなみにこのフライトレコーダー（FDR）だが、一九六九年九月以降に型式証明を取得した飛行機（B747、DC－10等）は、デジタル飛行データ記録装置（DFDR）の装着が義務付けられた。デジタル以前は、最小限の五つのデータ（高度、対気速度、機首方位、時間、垂直加速度〔G〕）が記録されており、薄いステンレスのテープにダイヤモンド針で刻まれるという方式である。垂直加速度は毎秒十回、それ以外は毎秒一回記録される。ステンレステープは幅5in、長さ200ftの大きさで、毎時6inの速度で送られ、片面で四百時間分のデータを記録できるものであった。このジャンボジェット機に搭載されていたのはこちらではなく、デジタルのほうであるから、上記の五つのデータ以外に十九種類のデータ（例えば機体の姿勢、操縦翼面の動き、各エンジンの推力の状況、ＶＨＦ・ＨＦ通信の送信状況など）を記録するように規定されているが、実際は六十から百二十種類もの記録がされる。記録方式はＦＤＲのアナログではなく、磁気テープの上にデジタルで記録される。この磁気テープはエンドレス形式で二十五時間分のデータを記録することができ、古いデータを消して新しいデータを記録し、テープが事故のときに破損しないように耐熱、耐衝撃構造のカプセルに収められているのである。データを読み取るときは、いったんコンピュータ用の磁気テープに変換した後、コンピュータ処理によりデータを見やすく配列して紙上にプリントする、という手順になっている。

前著『墜落の新事実』では、私が聞き取り調査をした複数の目撃情報とは全く異なる飛行高度や飛行ルートが、事故調査報告書に記載されていることを指摘した。つまり、飛行高度に関しても報告書の記載内容に疑問があると問題提起したのである。

例えば、コンピュータ用の磁気テープ変換の際、またはその処理過程において、データを見やすく配列した時、紙にプリントして示す時、一部分に作為的に手を加えて書いているのではないだろうか、都合の悪い部分を削除しているのではないだろうか、という指摘である。それが、多数の目撃情報と事故調査報告書に書かれた飛行高度が一致していない、ということにつながる。

つまり、以前のアナログ形式では不可能であっても、デジタル方式ならば可能性がある、ということになる。これも生データを開示してもらえばよい話であって、かたくなに情報を出さないところに不信感が芽生えても仕方があるまい。

もっとも、そのいきさつを確認しようとしても、運輸省（当時）が情報公開法施行前に、なぜか日航123便墜落関連の資料をおよそ一トン分も破棄した。これについても考えなければならない。今なおまだ残っている真正の書類があれば、こういった疑念を払拭する意味でも情報のすべてを公開するのが当然である。前橋地検の検事正が遺族への報告会で、「時効はないのだから、すべての資料は永久保存する」という話をしており、遺族側もそれを望み、将来公開してくれ、と言っている。それを無視して廃棄した当時の運輸省の公務員としての重い責任も問わなければならない。

つまり、誰もが聞くことができ、誰もが閲覧できるようにしてこそ、それが真実であると言えるのであり、本物を聞かせていない、見せていないその閉鎖的な現状からは、調査した側にとって都合の良い部分だけ抜き取った改ざん資料と言われても仕方がない。

今もなお森友・加計問題同様、脈々とその「伝統的な方法」で仕事を続けているとすれば、時の政府に迎合し、恣意的な仕事をする国家公務員に信頼性などないと断言されるのは当然である。それとも政治家からの強い圧力に屈したということなのだろうか。

事故原因は「ボーイング社の修理ミスとそれを見落とした日本航空のミス」ということを主張するのであれば、国民の知る権利として「生のボイスレコーダー」のすべてを公開すればよい。

もっと言えば、日航とボーイング社が悪いのだから、運輸省が慌てて一トンもの書類を捨てる必要性は微塵もなかったはずである。

真正の生のボイスレコーダー

遺族の中には、いまだにそういった当時の運輸省の対応や事故調査報告書に対して大きな疑問を持ち、墜落の原因に疑念を持ち続けている人たちがいる。

現在の8・12連絡会による遺族会とは別に一部の遺族による技術部会というのがある。その部会が開催した上野村セミナー（一九九〇年から一九九九年まで開催）にて、ゲストで講師をした現役の日航パイロットのN・A氏が、ボイスレコーダーの生テープについて話をしている。

要約すると次の通りである。

「乗員側も生のボイスレコーダーの公開について事故調査委員会に何度も要求してきたが、警察による調査中という理由でだめだった。その後、不起訴が成立したので、生のデータが日航に返却された。事故調査委員会のほうからは、刑事事件は不起訴決定となったため、残骸も日航に返却したし、当委員会とは関係ない、警察の捜査も関係ないので公開するしないは日航の一存です、と言われた。そこで、会社の判断で公開できるのだから、公開してほしいという要請をしたところ、今度はご遺族の手前もあって公開する訳にはいかないという返事であった。日航は過去の事故時などは、逆に事故原因を究明するためといって現場の乗員にボイスレコーダー、生のテープを聞かせている。そしてこれは何と言っているのか、というように原因究明に役立ててきた。それと比較しても、今回の日航１２３便墜落については一切聞かせようとしない。私ども日本航空の機長、副操縦士、航空機関士、あらゆる乗員が一緒になって、真の事故原因を究明しよう、この報告書はどうも真実じゃない、とオファーをしたのだが、それでも会社側は一切応じずに逃げている」

乗員として当然のことながら、報告書のコックピット内の会話に不自然さを感じているのである。プロとして冷静で客観性があるこの機長の発言から、真実が見えてくる。

すべては「生のテープを聞くこと」。これがまず大きな第一歩であることが明確にわかる。既存の調査報告書の文面やその一部がマスコミに流出したものが真正かどうかわからないのである。

そこから私たちは次の点について考えなければならない。

「日航の修理見逃しミス」という整備ミスが墜落の原因なのに、「遺族への配慮」という理由で、あの日のコックピット内の機長、副操縦士、航空機関士と管制官とのやりとりや会話を公開しないのはなぜだろうか。

整備関連の内容とコックピット内の会話は何の関係性もない。コックピット内の会話は仕事中すべて録音されていることが前提なのであり、乗員にプライバシーはない。その上で公表ができないということは、そこには、発表された事故原因とは異なった証拠となりうる思いもかけない事実や、新たな原因につながるなんらかの会話や誰かからの指示、それに対応する会話が入っていた、と考えるほうが自然ではないだろうか。

それを否定するのであれば、日本航空は直ちに生のテープを公開して、事故調が主張することの正当性を証明すればよいのである。たった三十分程の短いテープを聞けば遺族の心が落ち着くのであれば、それを聞きたいと申し出た遺族に聞かせるべきであって、都合勝手な配慮で隠すほうがおかしい。

一九八五年以降に日本航空に入社した者が九割以上となった今、あの時の凄惨な日々を実際に経験した人間はほとんどいない。今年就任した社長も入社二年前の出来事であり、日航に入社すら決まっていない時期である。その中で「ご遺族への真摯な対応」を心がけることは大切であるが、その配慮がボイスレコーダーを聞かせないということにはつながらない。亡くなった人の中には自分たちの仲間であった十五名も含まれており、自責の念から自殺した社員がいたことも忘れてはならない。その事実から身内をかばう方向に考えるのではなく、万が一、違う事故原因であったならば、五百二十名の無念はどうなるのだろうかという思いからの追跡なのである。

しかし、それを経営側の権限で闇に葬り、重要な証拠物を隠し通すとするならば、多くの社員たちが不断の努力を続けている「空の安全」を自ら捨て去ることになる。そのあたりを本気で考えなければならない時に来ていることを自覚しなければならないのである。

それでもなお隠し通そうとする人がいるならば、その心根は何だろうか。そのような組織の行く末はどうなるのだろうか。

特に二〇一〇年一月十九日の会社更生法の適用申請で日航が事実上倒産した際、巨額の税金を投入した前例のない異常な事態となったのだが、ここで一つの問題が発生した。日航が安全啓発センターや慰霊の園などの運営費を負担できくなった場合にどうするか?という問題だ。遺族側は日航側と幾度かミーティングをし、風化防止のための管理継続を要請したのだが、この時遺族側がもっとも恐れたのが倒産して会社が潰れた場合、生データの管理や証拠物など事故原因に関する書類等が外部に出てしまう危険性であった。二〇一一年は民主党政権でもあったため、遺族側は情報漏洩を阻止すべく働きかけた。すると運輸安全委員会は事故調査報告書が不十分だったとし、その解説書を作成するという名目で解説書作成に取り掛かり、そこにパイロットや遺族も参加させることになった。一年間に及ぶ解説書作成を通じて、運輸省や日航は遺族との関係を良好にし、敵対視されにくい環境を整えていったのだ。いわゆる懐柔作戦である。もちろん、人間関係が良好であるに越したことはない。例えば社会通念上、どこの会社でもその人の子や親戚を入社させることでお互いが納得したりすることは多々あることだ。この日航機事故の場合でも、実力を意識した上でのことだが、高浜機長の娘さんが客室乗務員として入社したりする、というようなことはあった。

しかし、それと事故原因の追及とは全く切り離すべきである。これはあくまでも漏れ出た声であるが、例えば温厚な関係作りと称して、亡くなった子供と同年代の男性社員を意図的にその遺族係として常に連絡が取れるように寄り添わせるということと、この事故の問題をはっきりさせることを履き違えてはいけないのである。

三十年以上もの長い時間が経てば、取り巻く環境も変化していく。真相を追究するにあたって最大の障害は、その人それぞれの心の有り様だと私は考えた。当たり前の事実を真摯に見つめる努力と勇気をどこまで持ち続けられるのかということである。その逆にどこまで嘘をつき、偽りの自分と向き合えるのか、ということでもある。その中で事実を否定する言葉の暴力には、それを発した人間の心根が透けて見える。前著にて炭化遺体に関する問題を提起したのは、あまりにも不自然な黒焦げ状態の凄惨な遺体に、医師たちが大きな疑問をもったからである。

私たちはその数々の声を心を研ぎ澄まして聞かなければならないのだ。最後の瞬間まで、どのように生きてきたのかを物語る肉体の状況をしっかりと記録して伝えなければ、亡くなった当事者が浮かばれない。そこに雑念は存在せず、ただその「声」を聴きとらなければならないのである。

「恐れ」と「思考停止」を超えて炭化遺体の声を聴く

当時、検死にあたった医師たちが「筋肉や骨まで炭化し、二度焼きした形跡がある」という資料を残した。連日の夕立で湿度75％以上の夏山で、なぜ骨まで炭になってしまった遺体があったのかという疑問、二度焼かれた痕跡があるという鋭い棘のような記述は、読んだ人間の目をそこに釘づけにする。山頂では一晩中狼煙（のろし）のような煙が立ち上り、多数のヘリコプターがぐるぐると旋回していた。その直下で、いつまでも燃える炎が死体を焼き尽くし、墜落場所不明の報道にもかかわらず、自衛隊や機動隊の多数の車が上野村に集結していた。

生存者が発見された場所は、山頂から全く見えない傾斜およそ四十度で下った川沿いであった。

事故調査報告書に「ほぼ全員即死」と書かれていたにもかかわらず、神流川上流のスゲノ沢周辺には百体程の頭部手足胴体がそろった完全な遺体があった。墜落直後の生存者の証言では、救助を待つ多くの人たちの声が辺りに響きわたっていたという。たった四名となってしまった生存者をいち早く発見したのは地元の消防団であり、辺り一面はガソリンとタールの臭いで充満していたという。その消防団の証言から一つの仮説を示したのが前著『墜落の新事実』である。

その仮説に対して、私自身も当初は「まさか自衛隊がそんなことをするはずがない」と思ったが、詳細に調べていくと、この「まさか」には何の根拠もなければ、現実を否定したい心理によって科学的思考が停止している状態と言わざるを得ないという思いにたどり着いた。と言いつつも、この私がまさか、と思ったことがある。それは消えた誤報である。

ある元自衛官は、当初テレビ報道の中に出てきた「現場で自衛隊の人が射殺された模様です」という報道と、そのすぐ後の「先ほどの報道は誤報でした」という訂正放送について、このような内容の出所は、防衛庁広報以外は考えられず、それならば故意に出した可能性が高い、と語る。つまり何かの行動のコマンドとして、テレビ報道を利用して自衛官たちに伝えた可能性を示唆した。こういう事態にはこう対処する、という研究は常日頃行っており、特に全日空機と航空自衛隊戦闘機が衝突した雫石事故から学んだ教訓として情報操作はより一層強化された、とのことであった。暗号も常日頃進化しており、例えば「青山に対して赤川」などというのはすでに古いが、一九八五年当時のレベルは、日航１２３便を事例として明確にわかったとおっしゃっていた。

現在では元自衛官の中でも戦争反対を唱え、自衛隊の「日報」でも書ききれないような海外での戦闘の現状や、訓練で実際に起きうる様々な出来事も含めてその実態を明らかにし、そのうえで世界中の元軍人たちと平和を目指して声を上げている人たちが多数いる時代である。そういう視点で物事を見て行かなければ、多少の犠牲者はつきものだなどと強弁して、国産巡航ミサイルの性能を賛美していても始まるまい。現実ではすでにイスラエル航空ではミサイルから防御する装置[14]も民間機に装備している。今後、各国のミサイル開発競争の渦のなかに民間機が巻き込まれないという保証はどこにもないのだ。

こういう事実を聞いた時、私たちの心には、政府筋とは異なる見解に対して反射的に拒否反応が出やすい。おそらく常に恐怖心があるのだろう。何かに対しての「恐れ」の心が潜んでいるのかもしれない。何か見えないものへの恐れ、大きな流れに逆らうことへの恐怖心が心を占めているとすれば、「陰謀」と言いたい人たちは他人の恐怖心を煽り、それによって自らの未熟さからくる恐れを他人に転移させているだけかもしれない。

事実を知ったら後ろから誰かがつけてくるのではないか、と恐れながら帰宅したという人もいたが、それは自分のもっている知識や経験知を超えた事実を冷静に受け止められず、その「恐れ」のお化けが勝手に出てきたのかもしれない。

さらに、情報不足や理解不足で恐れが出てきやすく、その結果がもたらすことに対して見えない恐怖を感じ、根拠なく悲観的な状況を想像し、そこから自分自身を守りたい一心で恐怖心が防御となり、近づかないようにしようと思うのかもしれない。それによって愚かな行為をしてしまう人もいる。それが組織となると非常に厄介な事態となる。

組織全体が隠蔽を行わざるを得なかった場合、過度な「恐れ」と相互監視、自己保身によってその罪をかぶり続けなければならない関係者が増えていく。トップに立つ人間にとって、公表するのに不都合な事実の「申し送り事項」という「隠蔽」は、次第に大きな圧力となり、次期社長や部下といった引継ぎ者にそれを強いることで、次々と罪人を生み続ける。「まさか、自分は違う、そんなはずでは」と思っているうちに、自分も知らぬ間に加害者となっていく。圧力によって折り合いがつかない時は心を病み、自殺者も出てくる。こうやって未来永劫いつまで愚かな行為を続けるつもりなのだろうか。

それにしても、なぜそのような思考停止状態が起きてしまうのだろうか……。

「国家が自分を裏切るはずがない」、「災害派遣であんなに良くしてくれた自衛隊員がそんなことするはずがない」、「公務員は皆さん優秀で書類を改ざんするはずがない」といった思いは私も同様である。しかし、現実はどうだろうか。そういう思い込みが客観性を失わせ、「はずがない」と思いたいことで無意識に隠蔽を容認してしまうことが大きな要因であろう。その信頼に応えている政府かどうかは知っての通りであり、今日の風潮はそれを反映しているのではないだろうか。都合の悪い部分を削除して改ざんし、責任逃れの言い訳がまかり通るのであれば、真面目に仕事をしている人たちは全く報われない。

いずれにしても日航123便においては、五百二十人の死という言い訳で済むレベルをはるかに超えている大事件である。都合勝手な「恐れ」で、最も重要な証拠を永遠に封印してはならないと、私たちは強く言い続けていかなければならないのである。

他にもいまだに解明できていないいくつかの疑問がある。

その一つとして、せめてあの日、日の出直後に習志野空挺団(15)を投入すれば、もう少しでも人命を助けられたかもしれない、という多くの批判に対して「墜落の翌朝にビデオ撮影をして、まず現場を確認してみたら、群馬県の山は険しく傾斜がきついことがわかり、空挺団以外難しい」と判断をしてから要請をしたので、日の出から四時間以上も経ってしまった、という幹部の言葉に、「当初から地形が険しいのはわかっていたはずで、彼らには夜間降下の能力もあるのに一体何を言い訳しているのだろうか」と元自衛官すら疑問に思っていた。

それについて「当時の自衛隊はたいして能力がなかったから」、「照明弾で山火事になる怖れがある」と能力や武器のせいにして、だから仕方がなかっただろう、と安易に納得してしまう人が、未だにいるのはなぜだろうか。

生存者を乗せた自衛隊ヘリのパイロットがどういうわけか「無線が使えないから到着場所がわからない」と言い、そのヘリに一緒に乗り込んだ医師自ら懸命に地図を見ながら飛行ルートを指図したため、五分で到着するはずが二十分以上もかかったと証言しているが、日頃からそんなに無線が使えないようなことで日本の空をどうやって守るのだろうか。そもそも有事の際にそれで自衛隊のヘリのパイロットが務まるのだろうか。

自衛隊幹部自ら、自分たちの無能さを吐露して「筆記用具を買ってもらえないから勉強ができない」というような子供レベルの言い訳をしているとすれば、現場で日々訓練を重ねていた精鋭部隊の人間たちは心のよりどころがなくなる。上官に自分の誇りや能力までも否定されて面白いはずがない。それとも、それも情報作戦だということなのだろうか。

これらの「なぜ」にはいくらでも言い訳がついて回り、疑問が消えることはない。当時応援に駆け付けた医師たちも群馬県警も地元関係者も、その時は気づかなくても後から考えれば何だかおかしい、と思う場面が多々あったということを聞いた。

現場では、何の情報もない中で人として誠実に向き合い、精一杯対処して、極限まで辛い仕事をした自衛隊員や警察官たちである。しかしながら、腑に落ちない事実や出来事はいつまで経っても拭い去ることはできない。

このような場合、私たちにできることは「もし自分が被害者だったら」という共感する力を持って、何の落ち度もない被害者側の立場で考えることだ。

そして、あの時は仕方がなかった、無理だった、という感情的な言葉の裏に隠される邪悪な人間の作為を見抜かなければならない。それが時の政府にとって不都合な事実であろうとも、相手の組織や企業にとって大きなダメージがあろうとも、真なる事故原因を追究する姿勢をもたなければならない。そうしなければ、同じ原因で今度は自らが事故に遭遇する可能性もあり、再発防止などあり得ないからである。自分たちの未来を守るためでもあるということに、そろそろ私たちは気づかなければならないのではないか。

本著では、前著の課題についてさらに深く掘り下げながら次のことも考えていきたい。

まず、群馬県警察医が指摘した「二度焼かれた」と思われる異常な黒焦げ状態の炭となった遺体についてである。

ある報道関係者と話をした際、次のような話となった。

「青山さんが遺体の炭化状態の異常さに疑問をもった医師から話を聞いて、航空機燃料ではそこまで炭化しない、という大きな疑念をもったところからこの事件性を疑ったとすれば、この部分を抜きにして語ることはできない。そういう視点から論じているのはあなただけである。テレビ局も何もかもがNGということはない。事実をしっかりと調査して視聴者に真実を伝える使命感は放棄していない」

「もし、報道制作側に勝手な思い込みや尻込みがあったのであれば、それは個人的資質の問題である。どこかの国ではないのだから、この日本においてそれはないはずである」

そのプロデューサーの心意気に、私は少なからず感動を覚えた。多くの報道関係者と接していろいろ話をしてきたが、ここまで言い切った人はいなかった。まだこういう人たちがメディアの中にいれば不正は起きにくく、社会が正常な状態に保たれる。言いっぱなしにするのではなく、実行してほしいと心から願っている。

事故から三十三年も経ち、まだ墜落原因に疑念を持つご遺族がいる以上、最後の一人が静かな安らぎを感じるその日まで、私はその心にどうしたら寄り添えるのか、ずっと考え続けてきた。その気持ちを持つことが、共感力を呼び覚まして洞察する力や調査を続けるための使命感を与えてくれる。その共感力があるからこそ、他人の痛みも自分のこととして考えることができる。それが人としての基本である。それを「情緒的」と切り捨てるような品性のない、さもしい心では十分な共感力を持つことはできず、そういった人間に日航123便について語る資格などなく、これは報道関係者もしかりである。

大学での講演会から

私は、前著を通じて交流を深めた大学の教授や、日米安全保障問題、安全神話と航空機事故、法と人権、社会の有り様について考察するゼミなどに招かれて講演活動を行ってきた。

その際、学術的観点から思考を深めてもらうため、次世代を担う若い彼らに真実を伝えたいと、警察医関係者から預かっている多くの未公開資料を提示している。未公開資料と言っても公訴時効も過ぎ、三十三年も前の資料であるが、誰の目にも触れずにそのままゴミとして廃棄されては到底五百二十人が浮かばれない。その死の状況を記した資料に立ち向かうことこそが、未来への伝承となって活かされるのである。

大学での講演会では、その資料をもとに調査結果と多くの疑問を提示した。

学生たちにとっては生まれる十年以上も前の出来事であり、自分たちの両親もまだ成人する前の話だが、その驚愕の事実を突きつけられた時、誰もが一瞬息をのむ。

ＤＮＡ型鑑定がまだ黎明期だった時代、医師たちが懸命に死者と向き合い、遺体への敬意を持って身元確認作業を昼夜し続けた壮絶な現場写真に驚きとその使命感に感動すら覚える。

炭化と一口に言ってもイメージは人それぞれである。実際はどうなっていたのか、真っ黒に焦げた写真を見て、想像を超えた信じられない事実と向き合う。

特に医学部での講演の際、遺体確認の現場で遺体番号が五二一となり、一名多いと大変な騒動となった話をした。結局、それは妊娠六カ月の母親から胎児が飛び出たものであることがわかった。焼け焦げた人の形をした胎児の写真を見た瞬間、産婦人科の医師とゼミ生たちは絶句した。母親の胎内で静かに眠っていたにもかかわらず、墜落のショックで飛び出て、さらに焼け焦げてしまったのである。私はこの写真を預かった時から、これは未来を担う医師の卵たちに見てもらいたいとずっと願ってきた。大災害も航空機墜落もいつ何時、何が起きるかわからない。彼らが将来、医師として検死活動を行う際、この経験はきっと役立つに違いないという思いからである。この講演で、胎児の子の運命に意味があり、それが未来につながったと実感した。

彼らにとっては生まれる前の出来事だが、受講者からは「当初は実感が全くなかったようなのだが、こういった写真や講演を通じてあの事故について知ることは、先入観を持たずに正しい判断をする上での土台となる」との感想文も寄せられた。

法や人権を学んでいる学生からの質問の中には「青山さんは、いわゆる犯人側の日本航空の人間だから少々うがった見方をしているのではないでしょうか。そうやって決めつけてはいけないのではないだろうか。相手側の言い分も聞かなければならない」との指摘もあった。人権などをよく学んでいる発言である。しかしながら、これは個人対個人、会社対個人の話ではなく、運輸省という国家側がすべての生データを抱え込んで、第三者が誰もチェックできない状況の中で公表された公文書そのものの信憑性を問うているのであって、決してうがった見方云々の話ではない、と私は語ったが十分に伝わらなかったかもしれない。それからもう一つ付け加えれば、うがった見方という言葉は「色眼鏡で見る、偏った見方」と間違って使いやすく、本来は「穿つ」、つまり、物事の本質をうまく的確に言い表す、穴をあける、突き通す、という意味であるから注意が必要である。

さて、過去において何度も航空会社の乗員たちは生データの開示を求めてきたのであるが、それらには法的拘束力がなかったゆえ全く情報は開示されてこなかった。この状況では、私たちや遺族側がコツコツと証拠を集めるしか方法はなく、防衛庁や運輸省、さらに政府もその隠蔽に加担したとすれば、一体どうすればこちら側の人権が守られるのだろうか。こういった偏った権力関係の場合について、もっと深く考えることを伝えなければならない。それを理解してもらうためにも、炭化遺体や遺物調査の結果を公表する必要性を強く感じるのである。

分厚い未公開資料

私の手元にはずっしりと重いＡ３判の分厚い資料がある。

故上野村村長の黒澤丈夫氏との信頼関係の下で、ずっと遺体状況に疑問を持ち続けてきた歯科医師が高齢になり、私に「遺体の炭化理由の解明のため」と資料を託してくださった。

その群馬県警察医の大國勉氏（八五歳）は、一九五七年東京歯科大学卒業後、一九六八年に東京歯科大学法歯学教室に入り、一九七二年に全国第一号の歯科医の警察医となった。一九七一年大久保清連続女性誘拐殺人事件、一九七二年連合赤軍集団リンチ殺人事件、一九八五年日航機墜落の際は、いずれも検視・身元確認本部歯科医師団統括責任者として、様々な重要事件の検死を多数経験した方である。

二〇〇一年には警察庁長官より「長官賞」（刑事警察功労）を受賞している。

その大國氏に最初にお会いした際、私に語られた言葉が忘れられない。

「私は長年凄惨な現場で亡くなった方々の遺体からの『声』を聴いて仕事をしてきたが、あの日航機墜落の遺体は筆舌に尽くしがたいもので、あまりにひどい状況に言葉や表現が見つからなかった。ジェット燃料であんなにも炭化するのかね」

ここから私の真相究明の長い旅が始まることになった。

大國氏は検死への心構えとして、死者への深い同情を持って礼を失しないこと、常に冷静に科学する目でしっかりと観察して知識を磨いて経験を積む、早まった結論は出さず、他人の言動に左右されないほどの責任と信念を貫く、といったように常に自分に厳しい態度で仕事を行ってきたという。その大國氏が最初に検死経験をしたのが「火災現場での真っ黒に焦げた焼死体」であった。それ以降、焼死体に関しても数多く見てきたが、あの日航123便では、それらとまったく異なると語った。
「真っ黒の塊を見ていたら、頭蓋骨の目の部分、眼窩が三つあって、これは二人だっていうことになった。写真撮影しながら絡み合った遺体をゆっくり外していったけど、ポロポロの状態でね。この遺体が新婚旅行帰りの新婚さんだって後からわかって。多分二人は怖いから、大丈夫、大丈夫って抱き合っていたのかねえ。表も裏もすべて真っ黒だった」

私がジェット燃料のケロシンの成分が灯油だと伝えると、
「そうか。焼肉をしている時の肉の状態を思い出せば、だれでもすぐ気づくはずだったのだが、ひっくり返して焼いてこそ裏側が焼ける。てっきりジェット燃料のせいかと思いましたよ。灯油じゃ、あんなカリカリの炭状態にはならない」と断言された。これが最初にインタビューをした際の大國氏の言葉だった。

通常、土の上などの地面に接した肉体部分は熱の温度に差が出て、生焼けの状態となるが、この遺体は驚いたことに裏側も表側も真っ黒状態だったという。写真を見せてもらったが全くその通りであった。戦争経験者であればすぐ思いつくのが、焼夷弾が落ちた後の道端の遺体である。ナパーム弾といった油脂焼夷弾も同様だ。衣服などに油脂が付着して高温状態がその場に留まり続けて、しかもその状態を維持したまま何時間も炭化するまで燃え続ける武器である。

緑茂る夏山での火災は、湿度が高すぎて大火事にならない。冬場に空気が乾燥状態であれば少しは理屈が通るが、それでもひっくり返さない限り裏側までは焼けない。一体どれほどの人たちが、医師が表現する「カリカリの炭状態」となってしまったのだろうか。

五百二十名全員の「確認済み・ご遺体状況一覧表」という遺体検死報告書のすべてに、私は目を通した。ちなみに、死体の調査は厳密には、警察によるものを「検視」と言い、医師が遺体状況を見るものは「検死」という。そこからは、一人ひとりの人生が最後の瞬間どういう状態でどうなって亡くなったのか、それぞれの生きてきた証のような状況が読み取れた。

ある遺族の方に、その一覧表から該当する家族の部分を切り取って見せたところ、これは初めて見た、ということだった。そして「こういう資料は今こそ貴重である」と語られた。当時は、当然のことだが、自分の子供たちの遺体しか目に入らなかったという。それも完全と思われる遺体であったため、早めに搬送されてきたことから、身元確認も早く済んでそのまま自宅へ棺に入れて連れて帰ったそうである。だから、他の遺体状況は見ていないので、遺体に関する実状はあまり知らないとのことであった。

ただ一つ後悔していることがあると言う。それは日赤の看護婦さんたちによって包帯に巻かれた子供たちの遺体をそのまま荼毘に付してしまったことだ。この点については、誤解してほしくないのだが、日赤の看護婦さんは遺族のショックを少しでも緩和すべく、損傷が激しいところは新聞紙や脱脂綿で形成をして、人の形に見えるようにしていたのである。その気持ちには十分感謝しているのだが、だからといってその包帯を取らずに、子供たちの遺体の実際の状況を見ずに、荼毘に付してしまったご自分のことを後悔していらっしゃるのである。看護婦さんの善意でしていたことは十分わかった上で、それでもなお、いかなる場合でも、最後の遺体を見て、知っておくべきであったとのことであった。

遺体状況の資料と座席表を見比べていくと、機内の様子が浮かんでくる。

同じ姓がずらりと並ぶ座席では、小さな子供も含めて兄弟二家族八名が同時に亡くなった。帰省の楽しい旅が、祖父母にとっては自分の子供と孫たちが実家に帰ってくる途中に全員が亡くなる死出の旅になったことになる。

二人並んで座った新婚旅行からの帰りの新婚夫婦の遺体は、炭化が激しく二体がめり込み合って一体となっていた。確かに、大國氏が語った通り、まるで大きな一つの幼い妹は黒檀の木のようだった。

混み合った機内で、一家三名が通路を挟んで座らざるを得ない状況の中、幼い妹は父親に寄り添ってほぼ完全遺体であったが、一人離れて座ったお兄ちゃんの遺体は離断損傷が激しかった。他にも、母親の膝の上に座っていたと思われる全く無傷の赤ちゃんと、我が子を必死に抱きかかえていたのだろうか、背中と頭がとれてしまった母親……。

毎晩、私は夜明けまでそれぞれの人生を想い、検死の遺体状況一覧表を見続けた。これはまるで五百二十人もの殺人が同時に起きた異常な状況ではないか。そんな凄まじい事件であったことを再認識させられた。

それにしても最大の疑問は、連日夕立があるような多湿状態の夏山に放り出された人たちがなぜ真っ黒になるまで炭化したのかである。それを指摘したのは私以外にはいないとのことであるが、これは警察医が長年持っていた疑問を一つずつ聞き取った結果である。

万が一、偽りの事故原因が歴史に刻まれるとするならば、それが未来永劫人々の心に残るとするならば、当時を知り、今を生きている私たちは、なすべきことをしてこなかったことになる。それならば、今こそなすべきことをしなければならない。見たくないものも見て、知りたくないものも知らなければ、原発同様に再発の危険性は消え去らない。そしてこれ以上、未来に対して無責任な仕事をし続ける人間を作り出したくないのである。

航空機の墜落はいつ発生するかわからず、誰もが遭遇する可能性がある。ある日、家でのんびりしていたら爆音とともに屋根を突き破ってヘリコプターや飛行機が落ちてきた事件は実際に起きている。乗客として遭遇するばかりではなく、航空機部品の落下も増加傾向にある今日この頃、見上げる空の向こうから、訓練する軍用機やますます増便している民間航空機が、突然凶器となって、自分の頭上に加速して重い塊となって落ちてくるのである。これらの確率は、交通事故に比べて天文学的に低いものだが、だからといって絶対に遭遇しないというわけではない。航路ではないから大丈夫、ということも空港の有無も関係ない。

私の耳には次の言葉が鳴り響く。

「遺族にとって、残された人生の最後の願いは本当のことが知りたい。ただそれだけです。それで心が落ち着くのです」

「日航側から示談をせかされた結果、泣く泣く命に値段を付けさせられた。私は子供たちの命を売り渡したようなものだ」

示談に応じたからといって、新たな原因を追究するな、ということにはならないのであり、その最後の願いにたどり着くには、多くの疑問を解決しながら誰もが一歩ずつ心のバリアーを取り去り、自分の中の恐れとも戦わなければならないのである。

それに気づいた時、人は変わることができる。

そのためには私たちが沈黙して隠蔽に加担するのではなく、見たまま聞いたままを証言し続けることで風化を防ぐことができるのではないだろうか。

そのことが未来を形作るのである。

山開き前の御巣鷹の尾根整備活動にて

桜の時期を過ぎると山ツツジの薄紫の花々が上野村を彩り、御巣鷹の山々がそろそろ山開きの準備を始める。その頃になると毎年、御巣鷹の尾根へ向かう登山道の道路整備や墓標の手入れ、その周辺の清掃や草取りなど、ボランティアの人たちがぼちぼちと御巣鷹の尾根に集まり始める。航空関係のゼミを受け持つ大学教授や学生、中学校や高校の生徒たち、元日航関係者、遺族関係者など様々である。

今年私は、拙著を通じて交流を深めた大学教授とゼミ生たち、美術批評家や芸術家、舞台演出家、テレビ局ディレクターらとともに尾根の整備を手伝った。駐車場や登山道などの整備をしたり、湿り気を含んでずっしりと重く積もった落ち葉を掃きながら、夏の精霊流しだけではなく、もっと世界に向けて発信できる何かがないだろうかと考えた。

年々薄れていく単独機世界最大の墜落の記憶を後世に残すには、一般の方がもっと身近に感じる必要がある。世界中で飛び回る飛行機は、今やネット上で飛行ルートをリアルタイムで見ることができるが、そのおびただしい機体の数を見れば、日本のみならず世界中の人々が航空機事故を考える場として、この上野村を位置づけていかなければならないと強く思った。

時代を超えて伝承していくのが村の祭りだとするならば、美術や演劇といった芸術を通じて、あの日の記憶を後世の人々に伝えていくことが鎮魂につながるのではないだろうか。

ひとりひとりが生きてきた証として、五百二十人分の人生が奪われたこの地で、芸術表現という角度からあの凄惨で悲惨な記憶が受け継がれていくという一つの可能性を考えた。

そしてあの日の上野村の記憶の数々を封じ込めることなく開かれたものとしたい。関東一の清流と言われる上野村中央を流れる神流川の美味しい水が、あの日からしばらくは茶褐色に濁り、油臭く不味くて一切飲めなかったという記憶……。夏祭りの準備でわくわくし、浴衣をそろえて楽しみにしていたのに、あの日からすべての祭りや子供たちの遊びは中止となり、どこにも行けなかった夏休みの記憶……。校庭や道路、空き地もすべて自衛隊や機動隊、警察車輛で埋め尽くされて緊迫したその空気に、まるで戦争のようだと叫ぶ祖父母の声の記憶……。

こういった記憶を伝えていくには、身近な芸術で表現することがふさわしいのではないだろうか。

落ち葉掃きで手にできた肉刺（まめ）を見ながら、想い出が芸術となって甦るその日を夢見ながら決意を新たにした。

註

（1）前著とは『日航123便　墜落の新事実——目撃証言から真相に迫る』（河出書房新社、二〇一七年七月／河出文庫、二〇二〇年六月）である。内容はあの日に何が見えたのかというテーマで、政治家の言動、上野村の子供たちの文集証言を分析し、さらに赤い飛行物体と日航機を追尾するファントム二機の存在を目撃証言から明らかにした。なお、それ以前に客室乗務員の女性たちのエピソードも入れながら、私が学生たちに授業を行っている形式で、日航機事故関連の新聞報道から垣間見える矛盾点を指摘した第一著作が『日航123便墜落疑惑のはじまり――天空の星たちへ』（河出書房新社、二〇一八年五月／河出文庫、二〇二一年七月）である。こちらもぜひお読みいただきたい。

（2）P3C対潜哨戒機――それまでのP3型哨戒機と比較して対潜水艦戦機材、音響信号処理能力を向上させた固定翼機の飛行機で、海上自衛隊が装備している。

（3）地対艦ミサイルSSM－1――88式地対艦誘導弾、陸上自衛隊装備品。

（4）パトリオット――地対空ミサイル、地上から航空機などの空中目標を攻撃するミサイルで航空自衛隊が装備している。日本では一九八五年から整備に着手し、一九九四年に配備完了した。

（5）スターウォーズ計画とは、一九八三年におけるロナルド・レーガン大統領による本土ミサイル防衛計画、戦略構想を指す。仮想敵国からの弾道ミサイルを人工衛星と地上の迎撃システムの連繋によって撃墜することを目的としていたが、計画で終わった。

（6）AAM－1とは、69式空対空誘導弾のことで、日本が自主開発した短距離空対空ミサイルのことである。航空自衛隊が装備、三菱重工が生産した。

（7）神流川発電所とは、長野県南相木村の南相木ダムと、下部の上野ダムの落差653mを利用して発電する揚水式の地下発電所であり、ちょうど御巣鷹の尾根の墜落現場の真下に作られている。現在2号機が稼働しており、予定の6号機までが完成・稼動すると、世界最大級の揚水式発電所になるといわれているが、ほとんど稼働していない。

（8）日報隠し事件――南スーダンの国連平和維持活動（PKO）の際の自衛隊活動記録である「日報」のうち二〇一六年七月七日から十二日分の開示を求めたところ、破棄による不開示という回答があったが、その旨当時の稲田防衛大臣に報告がなされず、さらに破棄でなく後から見つかったという事件である。問題となっている点は、大臣が自衛隊員を指揮監督し、統率ができているのか、必要な情報を大臣に提供するという文民統制の原則を理解しているのかということと、そもそも日報の存在そのものを隠蔽したのではないかと思われるという点である。現地の治安状況、自衛隊員のリスクが高まる恐れに対して稲田防相は「現地の治安情勢は落ち着いている」という答弁を国会で繰り返していた時期であり、自衛隊宿営地の近くでも、激しい銃撃戦があったことが記載されている日報を出すことをためらったと指摘されてもしかたがない。

（9）ＡＬＰＡ Ｊａｐａｎ（Air Line Pilots' Association of Japan）とは日乗連（日本乗員組合連絡会議）のこと。

一九七八年五月一日に当時の日本航空、全日空、東亜国内航空にある三つの乗員組合によって設立された。現在はさらに拡大し、日本国内の主要航空会社（ANA、JAL）とそのグループ航空会社（ANA Wings、JTA、JAC、J-Air、RAC、HAC、ORC）及びスターフライヤー、IBEXエアラインズの、機長、副操縦士、航空機関士などで構成する乗員組合・団体で組織される連絡会議となっている。また、百カ国以上、十万人を超えるパイロットで構成されているIFALPA（International Federation of AirLine Pilots' Associations＝国際定期航空操縦士協会連合会……本部はカナダのモントリオール）に加盟して、世界百四カ国と地域におけるパイロットたちとが連携して活動を行っている。①航空機運航の安全性向上と民間航空輸送産業の健全で安定した発達、②航空機乗務員を中心とする民間航空労働者の雇用、労働条件、権利の安定と向上、この二つを活動目的としている。

（10）APU（Auxiliary Power Unit）――補助動力装置。機体の胴体後端に位置し、ガスタービンエンジンでジェット燃料（高度に精製された灯油のケロシン）によって、①エンジンの始動、②機内空気調整、③油圧ポンプの駆動などに使う。APUに装備された発電機は機内の各電気機器に電力を供給し、主として地上にて使用する。

（11）ブラックボックス――航空機においてはフライトレコーダー（Flight Data

Recorder）とボイスレコーダー（Cockpit Voice Recorder）のことである。飛行記録装置（ＦＤＲ、ＤＦＤＲ）と操縦室音声記録装置（ＣＶＲ）は、それぞれ記録内容を確実に保存するために、耐熱・耐衝撃構造のカプセル内に収められて、１１００℃の温度に三十分間、１０００Ｇの衝撃に０・０１１秒まで耐え、海水、ジェット燃料などの中に四十八時間おかれても大丈夫な構造である。海上で事故を起こした場合にも水中に没したＣＶＲの位置を知らせるために、超音波信号を三十日間自動的に発信させる機能を備えている。

（12）ダブルカセットデッキ——カセットテープの録音再生機能が二カセット分内蔵されているカセットデッキ。当時の風潮では、ＤＪの真似事でフェードイン、フェードアウトと称した方法で曲と曲のつなぎ目がわからなくなるようにして複数の曲を編集し、オリジナルカセットテープを作っていた時代であり、これを趣味とする人が多かった。この方法で簡単に再編集することは十分あり得る話である。

（13）森友問題・加計問題
　森友問題とは、学校法人森友学園の新校舎建設に際し、近畿財務局が森友学園に対し「一億三千四百万円」で国有地を売却。更地の鑑定価格から「ゴミ撤去費」として八億二千万円などを差し引いた価格だったことから、財務省の決済文書（公文書）作成の経緯の不透明さと公文書改ざんが明るみに出た事件である。この事件で「書き換えさせられた」とのメモを残して財務省近畿財務局男性職員が自殺した。大阪地検特捜部は、国や大阪府、市から補助金を詐取したとして、詐欺罪等で森友学園の前理事長籠池泰典と妻を起訴した。

加計問題とは、愛媛県今治市の国家戦略特別区域指定された地域に、加計学園グループの岡山理科大学獣医学部建設をめぐって決定の不透明さが指摘される、三十六億円の土地無償譲渡に関する大きな問題である。いずれも安倍昭恵氏の名誉校長問題（前者）、安倍首相との友人問題と、安倍夫妻にまつわる事件である。

（14）ミサイル防御装置

イスラエルの国営航空会社エル・アル航空は、地対空ミサイルの攻撃をレーザーで防ぐ迎撃システムを全旅客機に装備させている。

エル・アル航空が採用したSkyShieldの商用版である「C－MUSIC」は、レーザー技術を熱感知カメラに統合し、地対空ミサイルを電波妨害によってそらすというものである。近付いてくるミサイルが赤外線センサーで検知されると、ミサイルのナビゲーションシステムを妨害するレーザーが発射され、ミサイルの軌道をそらせることで、航空機から安全な距離をおいた場所でミサイルを爆発させるという装置である。

（15）習志野空挺団とは、陸上自衛隊第一空挺団のことで、編成地は千葉県の習志野駐屯地で、落下傘部隊の名を持つ精鋭集団である。前著『墜落の新事実』での聞き取りでは、日航機墜落時、エンジンをかけたままでの待機命令が出て、今直ぐにでも現場に行ける態勢をととのえていたが、その後、待機解除命令が出たことで、墜落後すぐに現場に駆け付けられなかった、とのことであった。日頃の訓練において夜間降下も含めて高い能力を持つ部隊がなぜすぐに救助に行かなかったのか、という多くの批判が寄せられた。山下徳夫運輸大臣（当時）も、そう言われて国会でいろいろと釈明をせざるを得なかった、と語っている。

第二章

焼死体が訴えていることは何か

乗客乗員全員分の未公開資料から

慰霊碑に刻まれる520名

火災現場での違和感

人は、自分が飛ぶことができない空を悠々と飛ぶ巨大な金属の塊である飛行機が、何か特別なものであるかのごとく錯覚を持つ。

医師たちの報告書も警察の調査資料も報道も、大きな勘違いをしていたのは「ジェット燃料」という言葉の持つ錯覚である。ジェット燃料がすごいからあのような炭と化した、と思い込んだ本や記述に、私が疑問を持ったのが、この日航機事故問題を解明しようと思った始まりである。

同じように疑問を持った警察医との交流が生まれ、資料を精査していくにつれ、その疑惑が深まっていった。火災で灯油を被り焼け焦げた人を多数見てきた医師の持った大きな疑問が、私を真相究明に向かわせたのである。

最初の著作『天空の星たちへ』（『疑惑のはじまり』と改題再刊）で地元の消防団の方に取材した際に聞いた「朝まで燃えていたところがあった」、「現場では灯油ではなく、ガソリンとタールの臭いが充満していた」、「生存者を助けたのは私たちであって、自衛隊員はなぜか山頂から下りてきた」といった証言の数々に私は大きな疑問を持った。

墜落現場の上野村村長や村民が、ジャンボ機は自分の村に落ちた、と認識しているにもかかわらず、一晩中墜落現場不明とした報道は何だったのだろうということから「故意に不明として、一晩中山頂で何かを燃やしていたのではないか」、「ガソリンとタールの臭いで朝まで燃える成分を持つ燃料はジェット燃料ではなく、火炎放射器という武器に使用される燃料である。その使用の可能性は考えられないか」と問題を前著『墜落の新事実』で提起した。しかしながらこの手の話には否定がつきものであり、信じられないと語る人は多い。素人の見解はその程度であり、何の役にも立たない。

そこで私は、刑事事件を主とする弁護士や裁判官、警察医といったプロの人たちに、炭化した遺体の写真を見ていただいた。その中でも、数多い裁判記録の中で非常に共通点を感じたのは恵庭ＯＬ殺人事件(1)である。異常に炭化しすぎた遺体現場に弁護士が疑問を持ち、豚に灯油を何度もかけた丸焼きで実験し、遺体の状況と比較をして、灯油十リットルでここまで燃えない、ということで冤罪の可能性を訴えている。

この事件にずっとかかわってきた弁護士や、再審請求を支持した日弁連の方々、凄惨な現場で焼死体を何度も検死してきた警察医の方や燃焼の専門家の大学教授などに日航123便の遺体写真を見せて意見を伺い、専門家による調査を行った。私の手元には弁護士の先生方の名刺だけでも五十枚は軽く超えた。

特に灯油を何度も被った焼死体を千体も見てきた警察医の見解は貴重だ。

例えば、表と裏をひっくり返して焼いたがごとく、頭の先から足の先まで全身がすべてムラなく炭化している遺体があった。しかし、いくら全身に燃料を被ったとしても、夏山の夕立のある湿った地面に接していた裏側の部分と表の部分では焼け具合に違いがあるのが通常である。夏服に燃料が浸みたとしても服のある部分と素肌の部分と焼け具合にムラが出て当然である。しかしながら、すべてがすっぽりときれいに炭化しているのはおかしい、というような疑問がいくつも出てきた。米国内の学術書や学術論文に航空機燃料のケロシンで焼けた遺体写真も掲載されており、そのうちの何冊かを比較してみた。しかしながら、その写真と日航123便の写真では、明らかに違いが出ている。

つまり、全体にムラのない炭化、というのはかなり特異な状態であった。

こういう遺体状況や専門家の見解は、事故調査報告書には書かれていない。むしろ遺体については最小限しか言及していないのである。なぜ事故調査委員会はこの重大な問題を避けたのだろうか。

	ジェット燃料　ケロシン	火炎放射器 （陸上自衛隊普通科所有）
引火点	37℃から65℃ 灯油の一種・粘稠性（粘り気）が低い液体・航空機燃料として安全性が高い	マイナス40℃ ガソリンとタールの混合剤・揮発性が高く引火しやすい粘性、持続性あり 粘着成分が入っており、一度付着すると最後まで燃えつくす
発火点他	220℃ 残り燃料1時間半 3.3ヘクタール焼失 注ぎ足しなしで不可能	300℃ 朝まで燃えていた証言から、燃焼持続性のある物質で、注ぎ足しが可能な状態であった

表1　ケロシンと武器燃料の比較

さて、いち早く現場に入った地元消防団と警察関係者が三十三年前に撮影した写真には、朝まで煙っていた事故現場や早朝まで激しく燃えていた炎なども写っている。これは前著でインタビューをした際、朝まで燃えていた箇所があった、煙が充満してまだ火が燻（くすぶ）っていた、という証言と一致する。

朝まで燻り、炎まで上がっている現場状況、消防団の臭いや目撃証言を総合的に見ていくと、遺体状況の比較を加味して考えれば、ケロシンではそこまでならない。ジェット燃料のケロシンは、不時着や突発的事態によって燃料を空中に捨て去ることも多いため引火点も低く、極めて安全性が高いことが表1からわかる。

日航123便の場合、国内線であったことからも、残りの燃料は一時間半分だけである。また、上野村の住民が、大きな飛行機がくるくると回っている状況を「燃料でも捨てているのではないだろうか」と言いながら見ている。

もしかすると、不時着に備えて高浜機長は燃料を減らしていた可能性も否定できない。そうなるとその量はさらに減少する。また、夏の山は多湿の土や濡れた葉っぱ、木々の茂った湿度が高い環境であって、その中で十時間以上も燃え続けたということに対して説明はつかない。山火事を経験している消防団でも、乾燥している冬山ならまだしも、夏ではそうならないと疑問に思っていたことである。

燃料に持続性や粘着性があって、薄着の肉体に炎がついたとしても、服に引火したとしても、付着してそこが焼け落ちるまで燃え続けるものと言えば、武器燃料しかない、というのが前著の結論であった。

こういう現場から、そうなってしまった原因が何か、という視点から見ていくことで見えてきたことであるから、「あり得ない」とか「信じられない」という思考を超えて、私たちは冷静に考えていかなければならないのである。

次に、飛行機の全体状況を見ていきたい。

図1は（九二―九三頁）、実際に飛行機はどのような状態で墜落し、それぞれの座席に座っていた人たちはどのように投げ出されたのかを事故調査報告書の図と飛行機の部品と遺体状況を重ねて描いたものである。なお、仮説へリポートは事故後に作業用に作られたものである。

飛行機は前方のAコンパートメントから激突して、ひっくり返り、B、C、Dとそれぞれぶつ切り状態となって転がり、一番後ろのEコンパートメントだけが、スゲノ沢方向に機体ごと背中からジェットコースターのように木々をなぎ倒しながら一気に滑落していったのである。

最も見てほしい部分は、生存者が発見された場所である。最後部のEコンパートメントに座っていた百四十四人は重なり合い、その遺体状況はほぼ完全な遺体であったと記録されている。実はここは山頂からは全く見えない場所で、沢へ滑落して深い森の木々に囲まれている。すぐそばに№1エンジンと№2エンジンが二つも転がっていたにもかかわらず、さらにジェット燃料の貯蔵部分の右主翼の一部があるにもかかわらず、燃えていないのである。つまり、他の遺体と異なり、「ジェット燃料で燃えた」ということよりも、むしろ山頂から見えないところだったので、燃えなかったと言わざるを得ない状況である。同じように、燃料貯蔵部分の左右の主翼を見ていくと、左

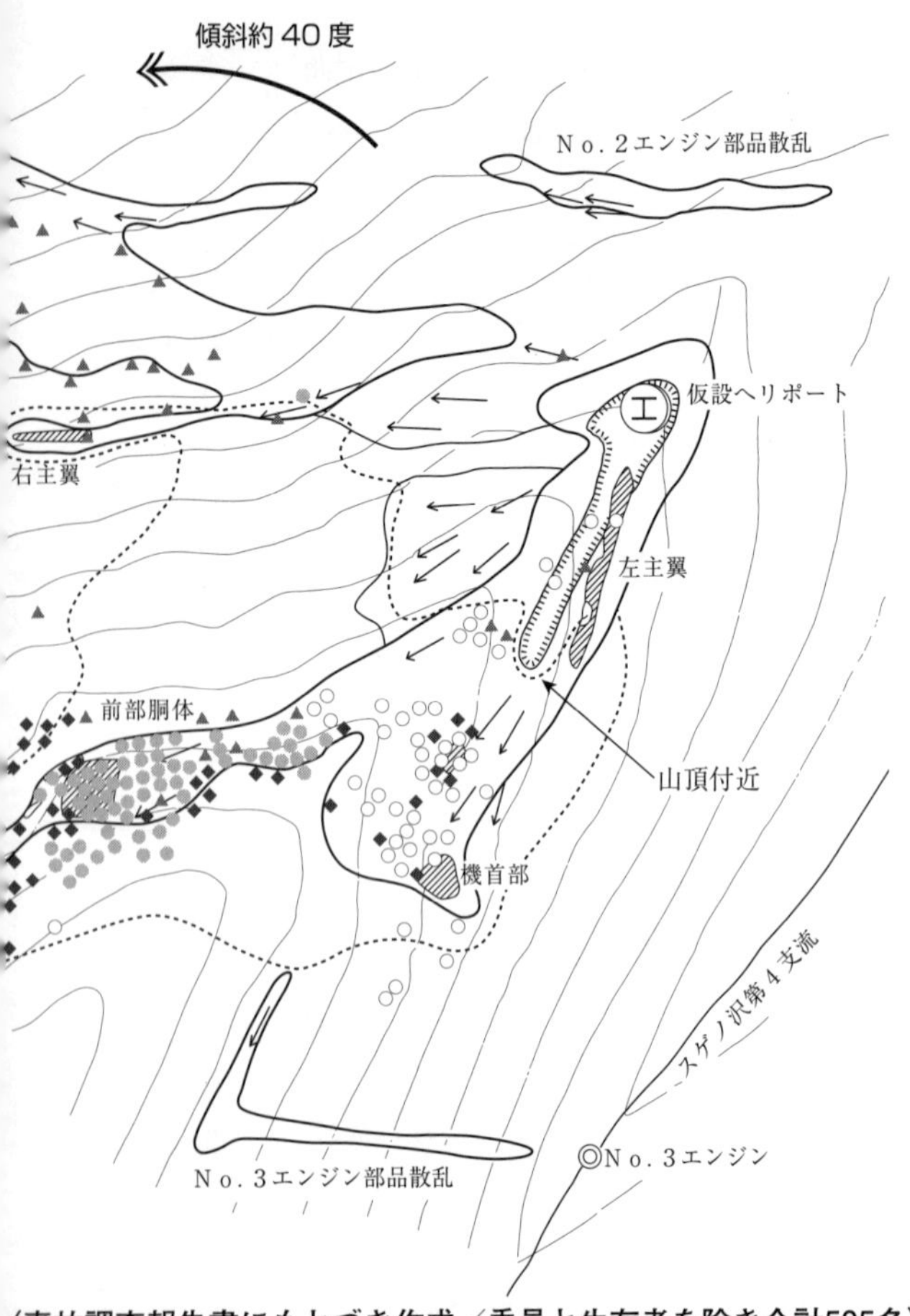

(事故調査報告書にもとづき作成／乗員と生存者を除き合計505名)

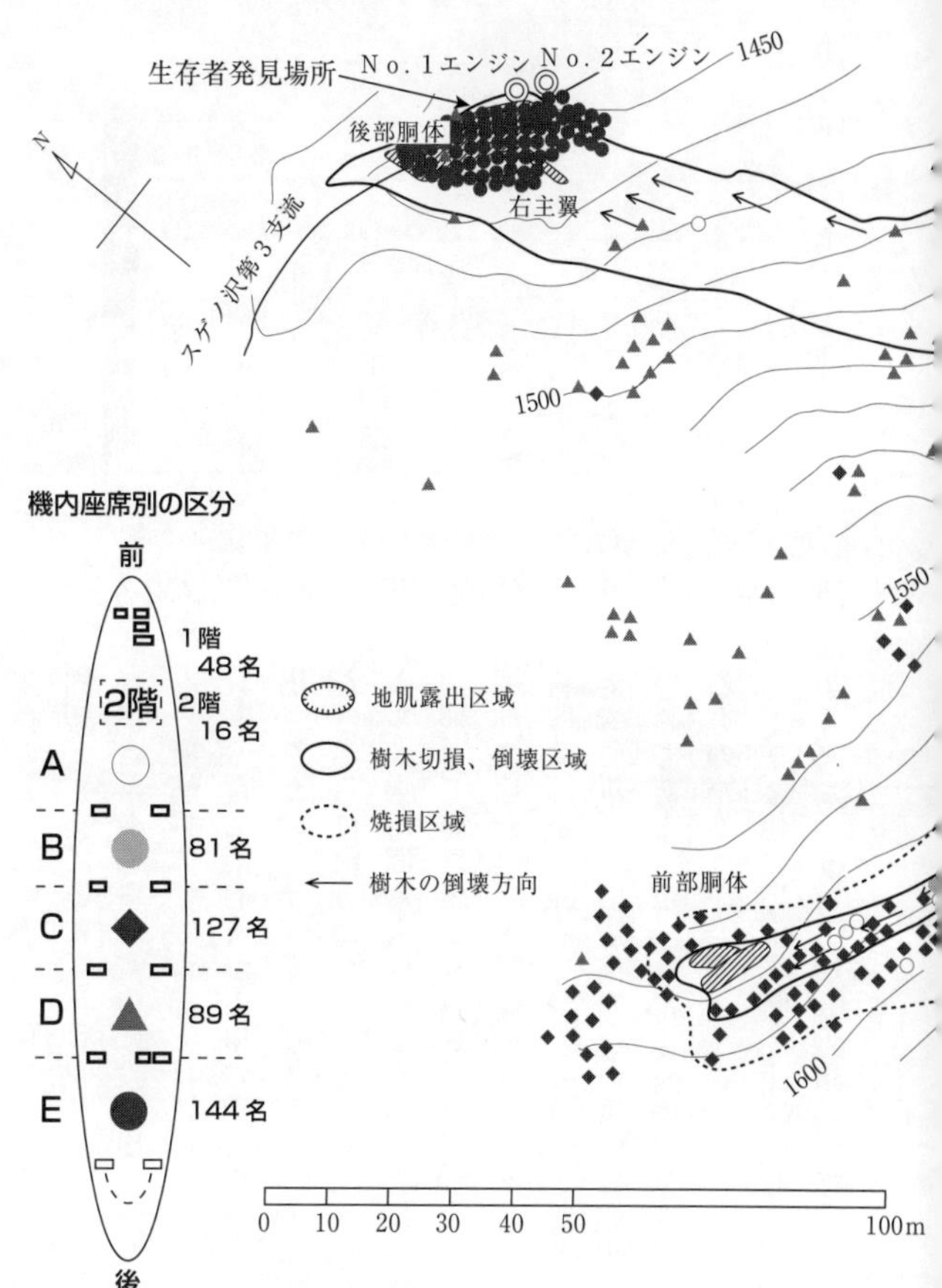

図1　墜落現場状況と各コンパートメントの遺体状況

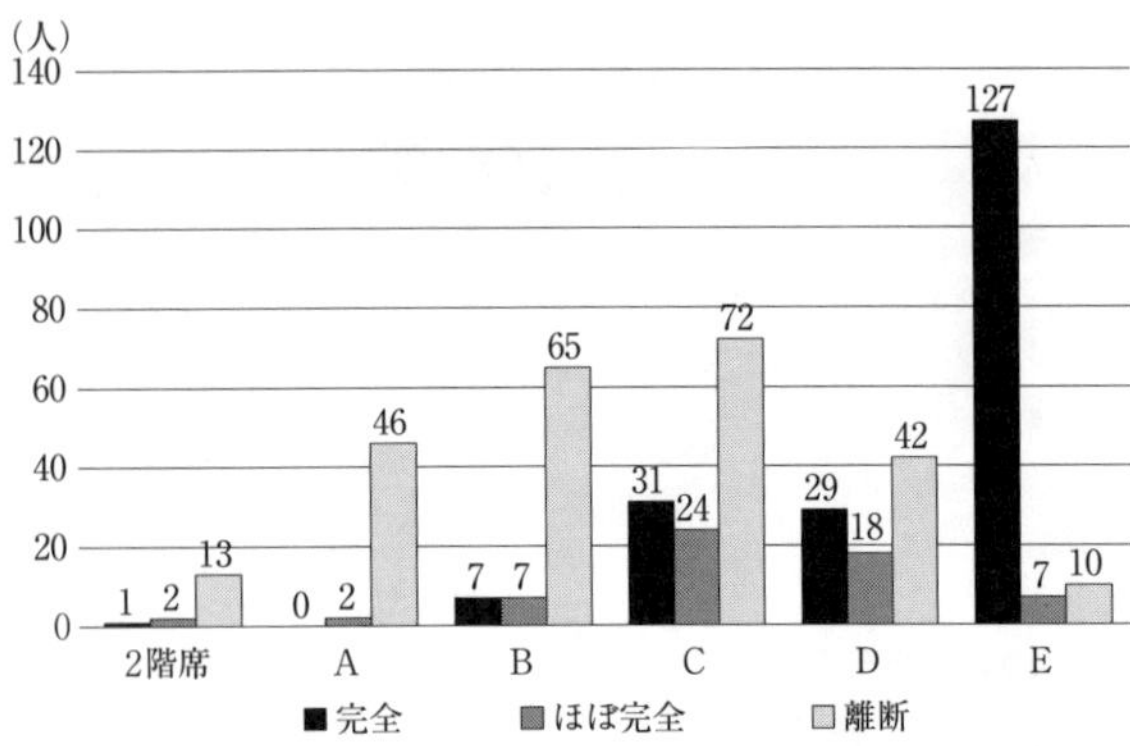

図2　各コンパートメント遺体状況（身元未確認の2名を除く）

主翼のところも燃えていない。右主翼はその周辺が燃えている。

ジェット燃料が空中に投げ出されたとしても、前部胴体、機首部、特にCコンパートメントの百二十七人が山頂の向こう側まで投げ出されたのだが、その遺体が広範囲に広がったところに沿うようにして、約三・三ヘクタールが十時間も大火災となるほど燃やす燃料が残っていたという言い分にはつながらない。遺体の広がり状況にあわせて燃えており、燃料貯蔵箇所の左右主翼から遠いところまで燃えている。逆に遺体のない場所は燃えていないのである。こんなにきれいに分かれて燃えるものだろうか。

123便には、当時オープンしたばかりのディズニーランド帰りの乗客が多く、そのほ

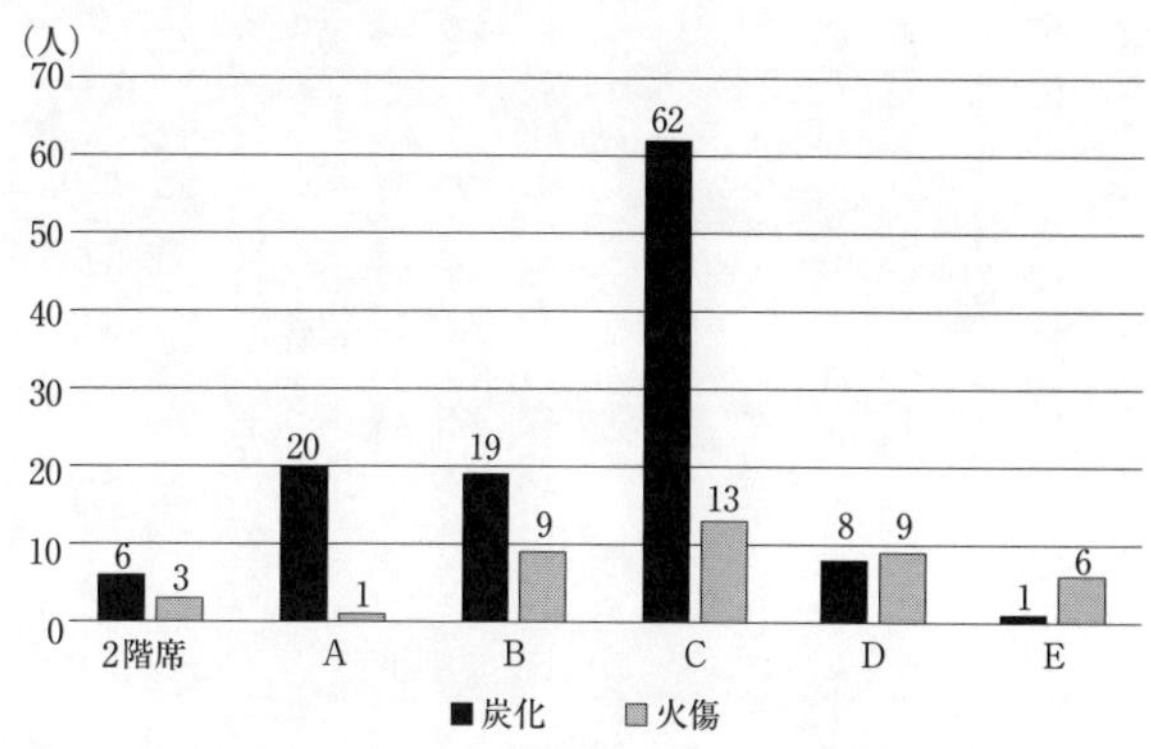

図3　各コンパートメント炭化状態

とんどが買っていたお土産のミッキーマウスが、なぜか燃えておらずにそばに転がっていたそうだ。化繊で燃えやすいにもかかわらず、不思議な光景であったという。

機内の座席区分ごとの遺体状況は図2の通りである。

警察医提供の「確認済み遺体状況一覧表」から乗客全員の状況をコンパートメントに分けて集計した。この図2における「完全」とは、全身そろっている状態を指す。医師の定義（後ほど説明する）とは異なる。つまり頭と首がつながって胴体部分も手足がそろった状態であって欠損部分なし、という状況である。「ほぼ完全」とは、頭と首（胴体）はつながっているが、指や手足などの一部が欠損しているものである。「離断」とは、体がいくつもに切断され、その一部しかなかったということである。この三つの大きなくくりで表記した。これで見ても、Eコンパートメントは百二十七体が完全であったことがわかる。

それぞれのコンパートメントでの炭化状態はどうだったのだろうか。

炭化と火傷だけに絞って、図3に示した。一見して分かる通り、明らかに二階席、A、B、Cの人々が燃えている。特にCコンパートメントの乗客の炭化が著しい。翼のそばで燃料を余計に被ったのだろうとも推定できる。しかし、図1を見ると、そうだとしてもCコンパートメントの乗客は山頂付近から広範囲にわたってずいぶんと遠くに飛ばされている人もおり、服に燃料が

藤岡市民体育館での身元確認作業

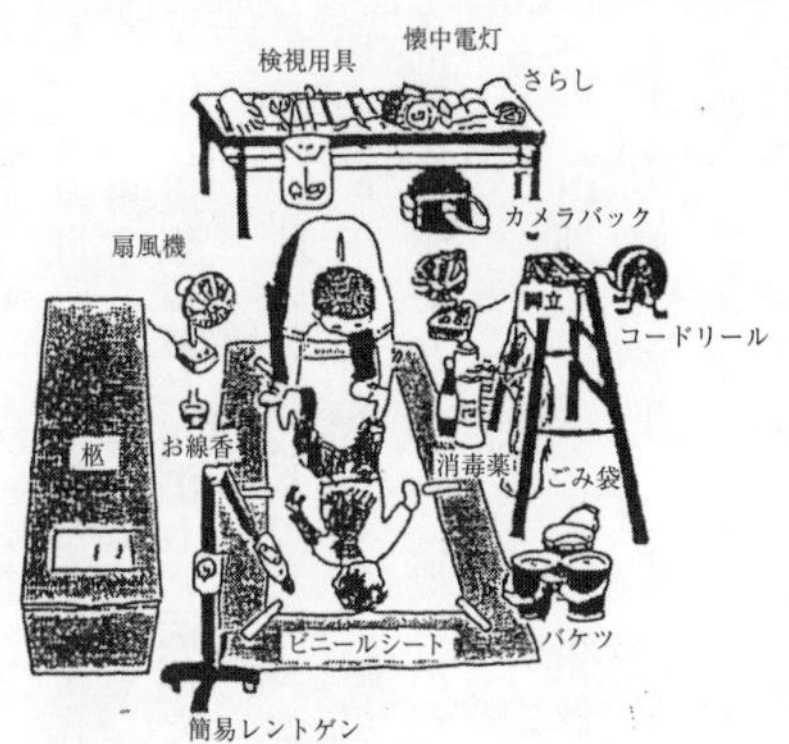

図4-1　検視現場における作業手順

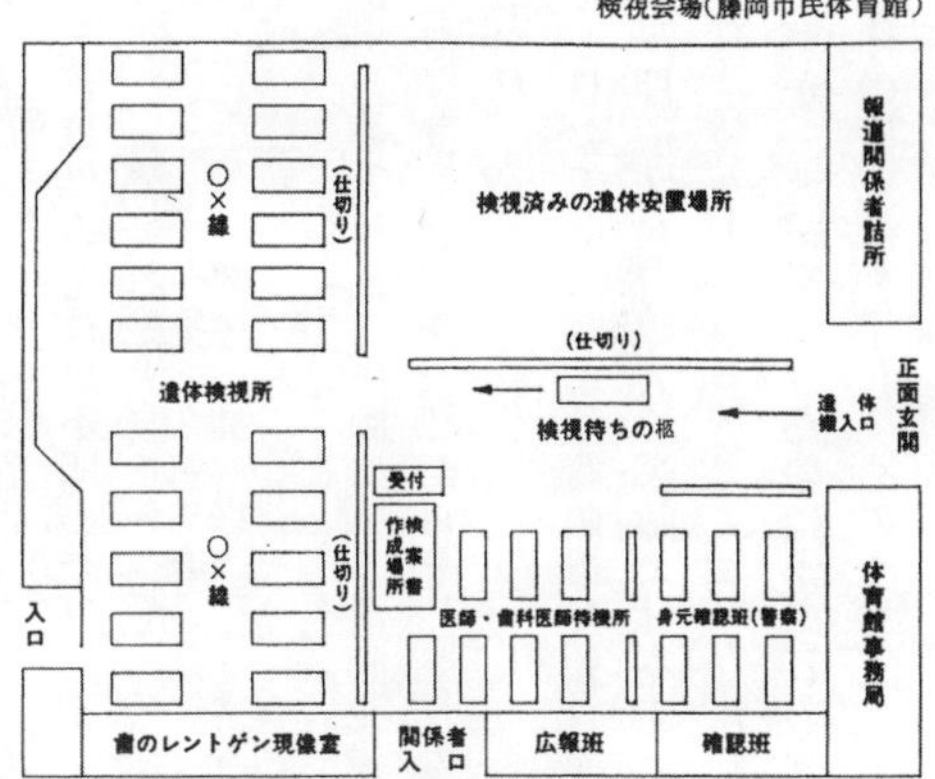

図4-2　検視会場の見取り図

（いずれも大國勉『身元確認──歯や骨からのアプローチ』フリープレス、2001.11.より）

ついていたとしても一律ではない。

亡くなった乗客のみを分析すれば、身元未確認二人を除く五百三人のうち、確認された炭化は百十六人、火傷は四十一人、それ以外の遺体（不明または燃えていないもの）は三百四十六人となり、全体の約三分の一が燃えた状態であった。

炭化遺体と格闘した医師たちの証言

群馬県医師会副会長で東京大学医学部出身の太田武史医師による活動記録では、八月十二日夜二十一時三十分に群馬県内各地区警察署捜査一課からそれぞれの警察医に電話連絡があり、出動待機との要請があった。

十三日の夜二十時に警察から、八月十四日の午前八時より藤岡市民体育館へ検死のための出動を要請すると連絡があり、十四日には八十二名の医師（日本赤十字社医師六名も含む）、六十一名の看護婦（日赤看護婦二十三名も含む）という体制で検死を行った。医師たちが群馬で墜落したと警察から連絡を受けたのは十二日の夜ということになる。なお十四日には、二百六十九体の検死が終了し、そのうち完全遺体は百十一体と記されている。

ここで医師が使う「完全遺体」の定義は、頭と首（胴体）がつながっている状態を指し、それが例えば頭と首（体）がつながっていても、それが三つに裂けていた場合は三体として数えるため、搭乗者人数を超えた数が出て来るので注意が必要である。

検視の場所の状況は図4（九七頁）の通りである。

遺体を搬入して検死までの流れと実際の作業中の様子である。

作業手順としては、遺体搬入されると群馬県警察が中心となり検視を行う。二十二の各グループに分かれ、遺体には通し番号をつけてから、写真を撮影したり、チャートに書き込んだりして身元確認の作業を行う。

八月十五日は早朝午前三時から検死が開始され、医師百四十四名（日赤医師十一名含む）が出動して、四百三十六体（その内完全遺体百五十七体）であった。十六日には、百八十一名の医師（日赤医師十一名含む）が出動、二百八十二体（その内完全遺体百三十七体）の検死が終了した。

その後も同年十二月二十日までの長期にわたって検死は続き、最終的には五百十八人の身元確認（後残りの二人もほぼ確定）がなされたが、離断状態で未確認部分の遺体は柩数にして二百三十七柩（九月三十日時点）も残されていた。五百二十人の遺体は、離断遺体も含めて二千六十五体以上となっていた。この長期間にわたった身元確認作業と検死活動で、ほぼすべての日において出動していた人がいる。

それは土肥福子（旧姓木村）歯科医師であった。

八月十五日から十二月二十日まで検死活動を続けた女性歯科医師

ここに提示する新聞記事（一〇一頁）との出会いは、私にとって衝撃的であった。柩をのぞき込むような姿勢をとっているのは、群馬県歯科医師で警察医大國勉氏のご子息の大國仁歯科医師と木村（当時、現在は土肥）福子歯科医師である。炭化が著しく、身元確認は歯型が中心とならざるを得ないほど遺体状況がひどかった、という内容である。掲載されている写真の女性歯科医師が、柩のその先にあるものを茫然と見ているその表情から、人の生死もすべて生々流転で、はかなく無常である様が伝わってくるかのようであった。この写真を見た途端、ぜひお会いしたいと思った。この世の無常の先に何か真実が見えるのではないだろうかという気持ちに、私は駆り立てられた。

前著でインタビューをした遺族の吉備素子氏が語るこの「福子先生」の存在は、暗幕で閉め切った遺体安置所の体育館で、お線香と屍の臭いが漂う状況下、蛆虫が這う検死の場において、凛とした一輪の白いマーガレットの花のようであったという。他の女医たちは遺族の控室内で具合の悪くなった人々の検診を行っていたのだが、女性

身元確認 歯型と指紋頼り

検視医「家族の元へ早く」

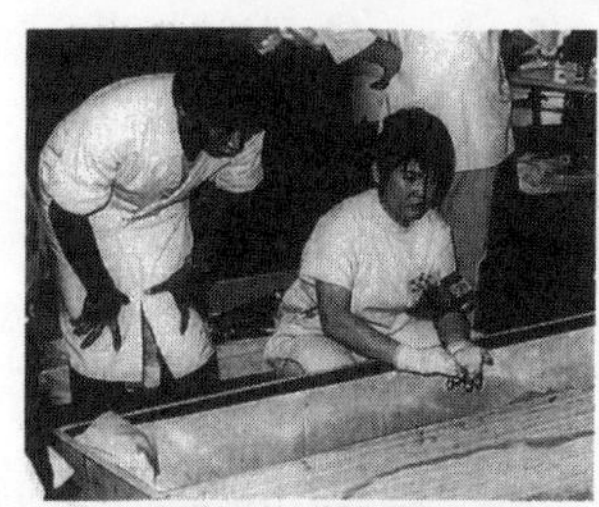

検視に当たる土肥さん（右）12月まで群馬に通う日々が続いた（85年8月、藤岡市民体育館で＝大国勉さん提供）

不信感をぬぐえない日航職員らに囲まれ、遺族の神経がささくれ立つのも無理はなかった。「中立の立場で説得できるのは自分たちしかいない」。そう感じた。当初、「男の先生は？」と聞かれた唯一の女性検視医は、やがて検視を懇願されるようになった。

検視場所は9月半ばに前橋市の県警機動センターに移り、12月中旬に2体を残して作業は終了した。歯型による確認は230体以上に。都内から電車で通った土肥さんの仕事は終わった。

土肥さんは今、東京・目黒区で歯科医院を営む。区の警察医も務める。検視に当たった仲間と電話で話すと、どちらからともなくあの夏の話題になる。「家族の元に帰らせてあげたい。それだけだったよね」

＊

墜落当夜。後に歯型による身元確認の指揮を執る歯科医の大国勉さん(77)（前橋市本町）は、県警から緊急連絡を受けた。銀歯一つとっても、専門用語の「アマルガム」を使う医師もいる。用語を統一し、レントゲン装置も調達。円滑な作業に備えた。

ところが、搬入された遺体に言葉を失った。頭が飛び両腕両足も引きちぎられた体、足首だけが炭化を免れた女性。「大久保事件や連合赤軍リンチ殺人事件だって遺体は数えられたのに……」。遺体にたかるウジは丸々と太り、人の指関節ほどに育ってしまう。「今日の遺体は今日中に検視を」。それが合言葉になった。

事故を風化させまいと、今は全国で講演や講義をこなす。事故にまつわる書籍や、後に公開された機内の

歯科医師の大國仁氏（大國勉氏ご子息）と土肥福子氏。この写真の下の方に写る黒い物体はご遺体の一部なのだが、上の新聞では柩の手前の炭化したご遺体はカットされている。

の法歯学の医師は珍しかった。当時、東京歯科大学法歯学教室で二十九歳の若手助手であった福子氏は、現地入りした教授から、凄惨な現場だがすぐ来るように、との依頼で駆けつけ、十五日から同僚たちと共に歯型から身元を特定する活動にあたった。二、三日位の予定だったが、結局のところ百二十八日間という最も長い間、身元確認に携わることになった人なのである。当初は、警察医や警察関係者、遺族からも「おんな？　他に男の先生はいないのか？」と言われることが多々あったそうだ。一人ひとりの遺体状況は今でも鮮明に覚えているという。新聞記事に写っている写真のその目の先に何が見えていたのだろうか、それをどうしても知りたくて目黒区の歯科医院にてお話を伺う機会を得た。なお、福子氏は東京都目黒区の警察医もなさっていた。

今はご主人ともども引退されており、今日は高尾山に登ってきたというご主人のお土産とお茶をいただきながら、和やかな春の日差しの差し込む待合室にてインタビューを行った。

「吉備さんから福子先生の一生懸命な検死活動の様子を聞きました。十二月までずっとなさっていたそうですが、夏も過ぎて後半は遺体保存用ドライアイスで凍るような場所での作業だったそうですね」と問いかけた。

「ええ、寒いからと吉備さんから絹の下着を頂戴しました。吉備さんはすごく頑張っておられて。ご主人のベルトが見つかったとか、ずっといろいろ探しておられた。暖房はたけないし、遺体にドライアイスが入っていて、それを出したり溶かしたりしながら袖口は腐敗したご遺体でドロドロでしょう。そうやって検死していたので。大量のドライアイスのガスは重さで下に溜まってしまってね、本当に寒く、苦しいんです。床に遺体が置いてあるものを屈んで取り出しながらしているもので。十一月にはついに三十九・九度の熱が出てしまって。でも、だれも帰っていいとは言ってくれなくて……」

前著『墜落の新事実』でインタビューをした遺族の吉備素子氏はご主人の遺体がなかなか見つからなかったこともあり、最初から最後までその確認作業や遺体状況をつぶさに見ていた。だからこそドライアイスで寒い中、黙々と歯型を見つめる福子氏の白衣姿に感謝の念を持って、せめて白衣の下に着てほしいと絹の下着を贈ったのだと聞いた。

「他の先生方はご自身の診療所があるので、二、三日位かな。出たり入ったりかわりばんこですよね。私たちは大学にいたので運輸省の依頼があり三人のチームで、最後までしっかり、幕閉じまでしようと思いました」

この長期間の過酷な場での作業は想像を絶するものだったに違いない。それを支えていたのはなんだったのだろうか。

「パワーというか、自分の持っている知識を全部使って解明していく。例えばここに置いてあるご遺体と身元不明の書類と突き合わせて、合致した時、思わずピース！って、誤解されてほしくないけれど。ある意味では、仕事は充実感があり楽しかったですね。これでやっと明日ご遺族を呼んでご遺体を返せるって。夕方の六時までで体育館が閉まってご遺族は帰るので、勝負は夜中です。夜中の十二時とか深夜、スキップしながら——これも誤解されてほしくないんだけど——警察官が二人ぐらいついて、一緒に探して。警察の人も頑張っておられた。あれって、この人の手じゃない？　とか、足の指先ってこっちかなとか。次の日、このご遺族に返せると思うと、嬉しくなって。じゃあ、これとこれは確実だから返せるよね、綺麗にしておいて下さいって、日赤の看護婦さんに頼んで。次の日は遺族にどう説明しようかと。でも私はまだ年齢が若いし、女性だし、そんなのに説明されたくないという方はたくさんいらっしゃるのですよ。ご遺体は引き取りたい、でもこれで確定するのは嫌だと、確定すると死亡したということも確定するので、複雑なわけです。それを若い女の人に押し付けられたくない、という気持ちですね。納得していただけるようにいかにして説明をするか、冷静にていねいに言葉を選んでいつも真剣勝負でした。でも、ご遺族が認めてくださると急に心が入りこんで涙がわき出るんです」

仕事との真剣勝負。これが彼女を支えていたパワーの源なのだと感じた。おそらく、大学で助手をしていた時と、今、ここでご遺族と対面している自分では比べものにならないほど、日々プロの医師としての顔に変わっていったのではないだろうか。

「今まで大学を出てノホホンと研究室で暮らしていた私には考えもつかないことが山ほどあって、三十年分くらいの経験をしたように思いました」

あの飛行機で乗務していた新人スチュワーデスが、お客様の遺書に「スチュワーデスは冷静だ」と書かれた時と同じように何か共通するプロ意識を感じた。いずれも同じ二十代の若さである。それでも必死に極限の状況を乗り切り、その先を考えていたのに違いない。

どうしてもわからなかった身元不明の手足等の部分遺体については、右手左手、右足左足といった具合に全部ＡＢＯ式の血液型に分けて整理をして荼毘に付すことにして、最後まで責任をもって仕事をしたとのことであった。

その身元確認はどのように行われたのだろうか。

「まず、自衛隊の人が袋に入れてヘリコプターから降ろしてきて搬入しますが、ビニールシートの上に木片か何かも混じっていて、それらしいものが含まれたものをバーッと、検視の場所に何カ所かに置いていき、それを医師たちが八人一組で分けて検死をしていく作業です。大國先生が指示していましたね。完全とか離断とかすべてに通し番号を付けて。頭が首とつながっていなければ生きていないじゃないですか。それを便宜上、完全遺体と言い、それ以外は離断一〇〇一、離断一〇〇二という具合に、搬入の順番ですべてに通し番号をつけたら、二千超えてすごい数でしたね。黒焦げの中から、私は歯科医師なので歯のある部分を探して手で取り出してレントゲンを撮るんですね、生前のカルテと合わせて。ただし、ご遺族が持っているのは歯医者さんのカルテなので、それを専門の歯型図に書き換える作業が大変。上を三つ、下を三つ、奥歯左右、前歯といったように分けて記入して、根っこの治療とか、レントゲンで比較してわかるので」

遺族はカルテを握りしめて離さないのだが、自分はそれをいったん預かって歯型図に書きなおす、という作業が一番大変だったという。なぜなら、日航の人間は信用できないという思いからか、遺族はカルテを必死で握りしめており、医師も日航の人間と勘違いして渡してくれなかったそうである。ボランティアで来ていた医師にとっては遺族のために必死の思いで身元確認をしていたにもかかわらず、遺族に罵倒されてしまった医師もいて本当に過酷で辛い作業だったと聞いた。

「ご遺族は神様という具合でしたね。外国の方は違うのよ。遺体はいらない、魂が復活する、という感じで、日本人とずいぶん違うなあ、みんながそうだったらもっと早く身元確認が終わったかもと思いました。日本人の概念はご遺体の一部でもなくては納得できないということなんです」

印象的だったのは客室乗務員の制服がまったくと言っていいぐらい燃えていなかったということだった。当時の制服は森英恵デザインのニットのワンピースで色は紺色であったが「この素材は不燃布なんですよ」と福子氏は確信したように語られた。紺色のワンピースが燃えずに綺麗な状態で残っていたというが、よほどその印象がつよかったのだろう。「あの制服は燃えないに違いない」と確信するほど、十一名の女性客室乗務員の服装は焼けていなかったということになる。

実はその時、私は疑問を持ったのである。普通のニットの素材であったし、私も訓練所でもそういう話は一切聞いていない。もしそのような素材ならば、エマージェンシー訓練の際に必ず言われていたはずである。なぜ、スチュワーデスの制服がいずれもきれいな状態だったのだろうかと私の心にその言葉がずっしりと重く残った。

「ああ、あの、白拍子さんという名前のスチュワーデスさんは、多少焦げていたかな、顔だけがなぜか真っ黒に炭化していて、新婚さんのご主人がみてもわからないんですよ。真っ黒で……。生前の写真でみえた前歯の歯並びが一致していたので私はわかったけど。さらに首飾りが中東のドバイで買ったものだったので、当時ドバイなんてめずらしいのできっと乗務員さんだろうと再確認しました。

それから機長さん、あれは本当にわからなかった。どうしてなんでしょうね。副操縦士さんとか隣の席でもそこまでひどくない。機長さんは私たちのところにきたのも、服も何もかにもなくって、骨のこれだけしか検死箱に入ってなかったですから。制服はどこにいったのでしょうね」

機長の服装は、シャツでも上着でも四本線がしっかりと入っており、かなり目立つものだ。それが一切跡形もなく消えていたという。どこでどうやってなくなってしまったのだろうか。

「私たちのところにきたときは、警察の人は中に何が入っているのかわからないので、検死の場所にバーっと置いちゃいます。袋から出して医者たちが、みんなが見ているところで開けますから、もし何かとったらすぐばれて噂になってしまう。だから警察官や医師が（機長さんの服を）はぎ取ったということは絶対ないのですよ。特に機長さんはみなが見つけたかったので、みんな探していたので。たぶん、自衛隊の方かな。山から下ろす時は自衛隊だけだから、機長さんの洋服を探せなかったとしか考えられません」

飛行機の最高責任者は機長である。警察側も医師も原因究明を行う上で機長の発見を急いでいた。その服がまったく見つからなかったということは他の関係者からも聞いた事実である。誰かがその服を脱がせて隠したのだろうか。跡形もなく燃え落ちたということなのだろうか。もし脱がせて回収したのであれば、それは自衛隊の山中での作業中かヘリの中しかないとのことであった。

体育館内では、群馬県警の警察官で実際に現場にいち早く入った人からの情報で、既に山から下りてきた人がいる、山にはその人が食べたらしい弁当の空き箱が落ちていた、という話があったという。実は、この話も、機長の服が見つからない話も、関係者の間では噂となっていた。まるで焼夷弾のように焼かれている、と語った年配の医師もいた。

それにしても機長の服はどこにいったのだろうか。福子氏によれば、搬入の際の通し番号は順番通りでこれは揺るぎのない事実ということだったので後ほど調べることにした。

他に印象深かったことはいろいろあったそうだが、

「ああ、この人も生きていたなあと思う人もいて、早く救えたらなあと思いました。

新婚さんなんか顔を寄せ合っていたのかと思うほど、真っ黒なんですけど、あごが二つめり込んで、そこから手を入れて歯型を引っ張り出して身元確認をやって。頬寄せ合っていて、きっと怖いのを我慢していたんだろうねえって私たちは思っていたんです。それから日赤の看護婦さんがあまりに上手に人間のかたちを作って包帯でぐるぐる巻いてくれたのはよかったけど、後からその人の手や足が見つかってしまったりして。早く遺体を返さなければということでご遺族も焦っていたんで、お返しして荼毘に付した後から『これはお宅の方の手かもしれませんよ』なんて言うわけにもいかず、これは大変困りました。

最後に一つ言っておきたいのは、あまりにも親しいご家族は冷静に見られない、わかりたくない、見たくないので目を背ける人が多かった。確定されたくないということで、説明しても『ハイ、ハイ』とおっしゃるだけで、大丈夫かな、と身元確認には不都合でした。客観的に見られるのは、兄弟や親戚のおじさんなどがわりと冷静でよいと思いました」ということであった。

この体育館内は当初は室温四十度という中で、頭から足先まで悪臭が染みつき、どこに行っても顔をしかめてしまうほどのひどさであったことは知られている。二十代の若い女性としては耐え難い環境であったことは事実である。運輸省の航空局の役人たちは、さっさと来て、アッと言う間に帰っていったそうである。

その過酷な仕事現場で、四カ月間にわたって身元確認を行った女性歯科医師は福子氏以外にいない。多くの医師や看護士、警察関係者、遺族などが出たり入ったりの現場状況であった。福子氏は最初期から終わりまで歯型を中心として身元確認を続けた人らしく、客室乗務員の名前から書類の内容までスラスラと何も見ないで正確に答えていただいた。

身元確認については、ダブルチェック以上が原則であり、細心の注意を持って、胸を張って遺族に語れるように努力を重ねていったという。福子氏の中からある意味では執念にも近いエネルギーが出てきたとしか言いようがない。今でも十分、パワー溢れる親しみやすい先生であった。

墜落発生後に四カ月間、歯科医師として身元確認を継続し、最後の身元不明遺体も責任を持って保管所の閉鎖まで全力を尽くした土肥福子氏と、前著でインタビューをした、ご主人の吉備雅男氏の遺体を探し続け、最後の身元不明遺体を荼毘に付す幕閉じまで、四カ月間検死現場に通い続けた吉備素子氏の両名が私に語った事実は重いのである。

身元確認はどう行われたか

まず、群馬県警察医法医学の古川研教授が発表した直接の死亡原因と思われるものは一一三頁の表2である。

身元確認での定義は次の通りである。元本がアルファベット表記であったが、コンパートメントの表記と重なるため、ここではアイウエオと次のように表記する。ア：面接、イ：身体特徴、ウ：着衣、エ：所持品等、オ：指紋、カ：歯形(ママ)、キ：歯科以外のX線、ク：毛髪、ケ：血液型、コ：その他、である。

一一三頁の図5は、私がAコンパートメントからEコンパートメントまで、それぞれの座席区分別身元確認が主として何で行われたのかをより詳細に集計してみた。確認項目が複数あるため必ずしも乗客数とは一致しない。全体ではオの指紋による確認が一番多かったが、これは他の確認方法と合わせて、指が残っていた場合は必ず行った作業である。詳細に見ていくと次の通りである。

ア（面接）で最多だったのは生存者が座っていた最後方Eコンパートメントの七十四人で、次に中後のDコンパートメントの十一名と続く。

イ（身体特徴）では前方中ほどBの十四名から最後方Eにかけて十名前後となって

損傷部位と主な死因	男	女	計（%）
全身打撲・離断等	209	89	298（57.5）
脳挫滅（のうざめつ）等	121	67	188（36.3）
頭部離断	5	5	10（1.9）
体幹部離断	1	2	3（0.6）
内臓破裂	5	5	10（1.9）
その他	9	0	9（1.7）
計	350	168	518〈100〉

表2　損傷部位と主な死因（群馬県警察医の資料より）

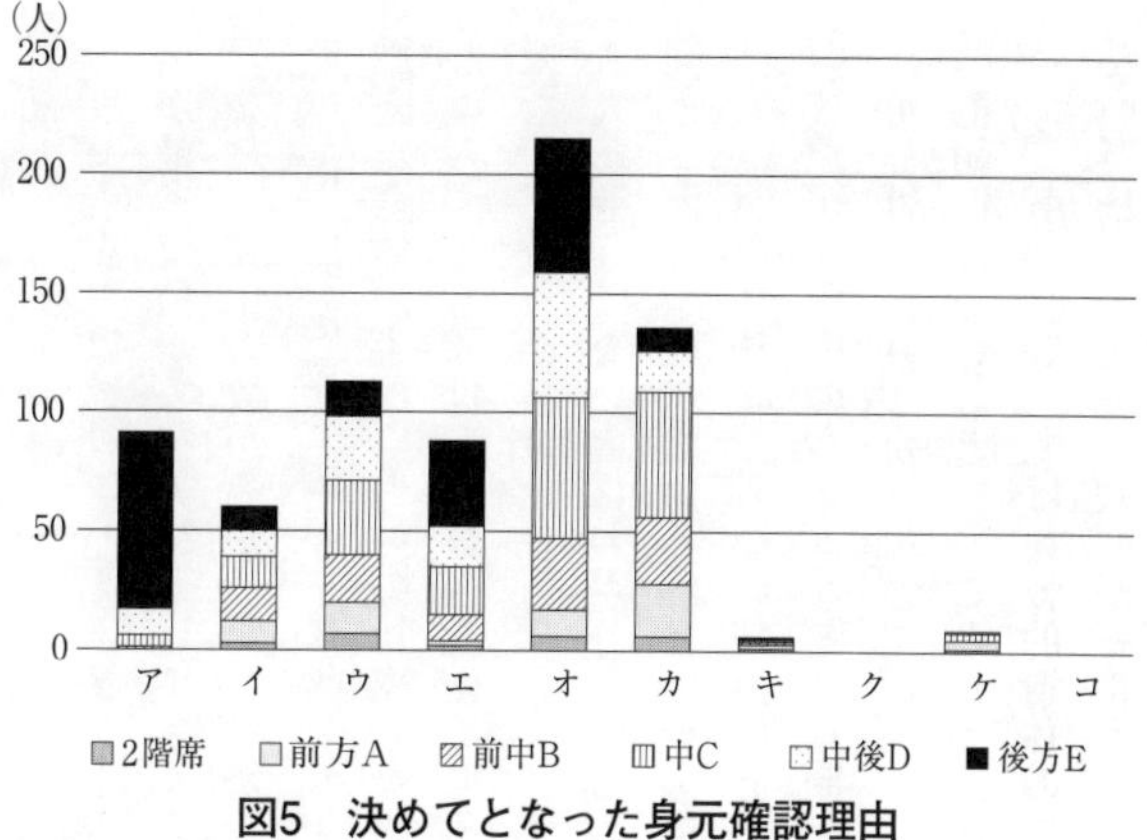

図5　決めてとなった身元確認理由

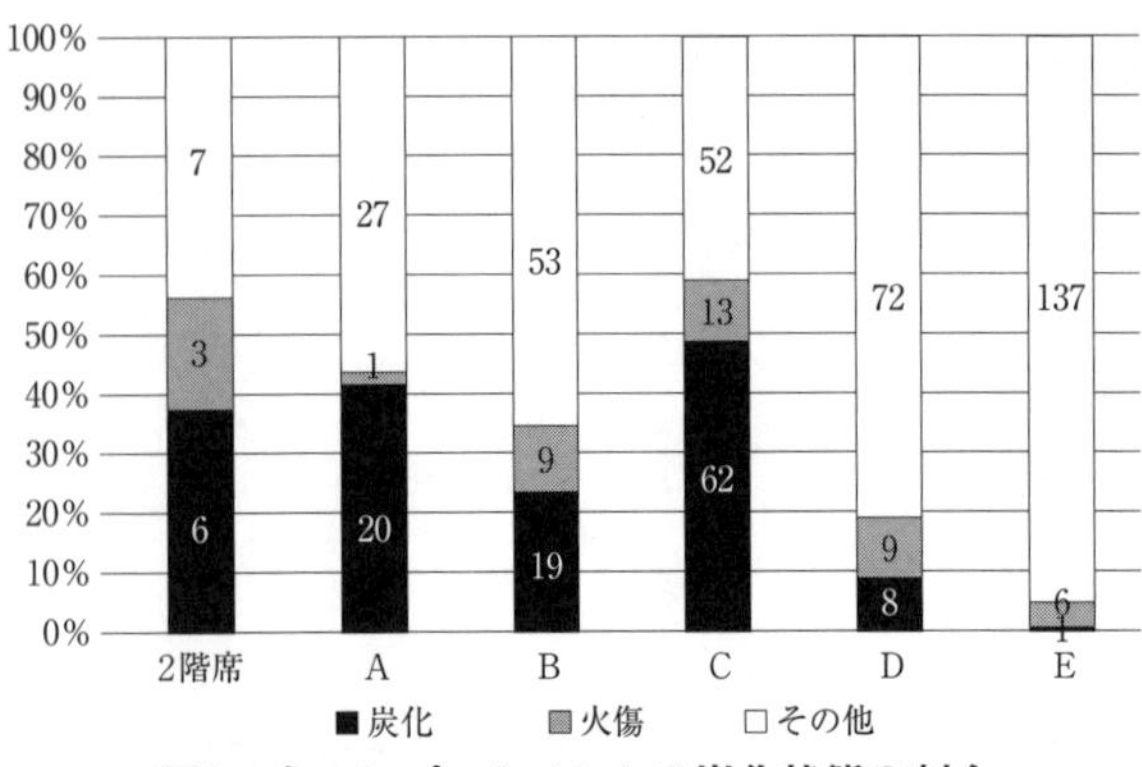

図6　各コンパートメントの炭化状態の割合

いる。

ウ（着衣）はCコンパートメントの三十一名が最多で前から後方にかけて多くみられる。なお、炭化人数が多かったCだが（図6参照）、座席数の割合では燃えていない遺体と燃えた遺体が半々ぐらいの比率となっている。かならずしも翼付近全員が燃えているわけではなく、放り出された位置によって燃えている人とそうでない人にわかれているのである。図1（九二―九三頁）と併せて複合的視点で見ていかなければならない理由はそこにある。余談だが、背広のネームなどは、服をもらった可能性もあり、身元確認では百パーセントの信頼性はない、ということだった。

エ（所持品等）では比較的遺体の損傷が少ない最後方Eの三十六名が一番多く、背広に入っていた顔写真入りの免許証や社員証など写真と顔の一致が身元確認の決定理由となっていた。婚約指輪や、結婚指輪といった名前が刻まれた所持品による特定も多かった。

一番多いオ（指紋）は、他との組み合わせで決定される要因となっていた。顔写真で一致してもさらに指紋を取るというダブルチェックが行われていたことがわかる。遺体にどちらかの手がついていて指があった場合は、指紋確認が行われた。

カ（歯形）は特に重要であり、炭化遺体の場合には決定的に身元確認の決め手となっていた。その残された歯牙やレントゲンで確認できる治療の痕跡や削った場所など不可逆的なことから、決定打となる。それ以外の項目については、ダブルチェックでもわからなかった場合であった。なお、血液型と単純に言っても、凄惨な現場状況から隣の人の血液が付着したとか、木々を削って滑り落ちていった際に複数のものが皮膚の中まで混じり込んだ可能性などがあって必ずしも決定打にはならない、とのことであった。

改めてこのような状況を見ていくと、身元確認ということの重大さと困難さが感じられた。

さて、私たちは真実を見つめるうえでどうしても欠かせないものを見ておかなければならない。吉備さんも歯科医師の福子氏もそれを見ていたからこそ、真実が知りたいのである。

前述した新聞での写真のその先に何が見えていたのだろうか。それがこの写真である（一〇一頁下、及び一一七頁）。

新聞記事では掲載されなかったその先に何が見えるのかをしっかりと見てほしい。ジェット燃料によって燃えたから黒焦げになったとか、山肌に激突したから遺体がバラバラになったといった軽々しい言葉で表現してほしくない。黒い塊がいくつもあるのが、これが遺体の一部である。この写真は他の航空機事故の遺体と比較してみても、非常に違和感のある状態で、これほどまでにちぎれた上に、炭状の固まりとなって、しかもカリカリ状態に二度焼かれているものが他にあるのだろうか。

早速、米国の医学用の学術書で確認をしてみたが、ケロシンで焼けた遺体は火傷の状態であり、このような遺体はほとんど見当たらない。二百六十四名が死亡した、名古屋空港における中華航空の航空機事故で遺体を検死した医師からも直接聞いてみたが、火傷で黒くなっても、ここまで千切れたものや、炭状の状況はまれにしかみられないものであることがわかった。

身元不明の炭化遺体の検死場面▶　警察官などの脚が写った警察資料写真▼

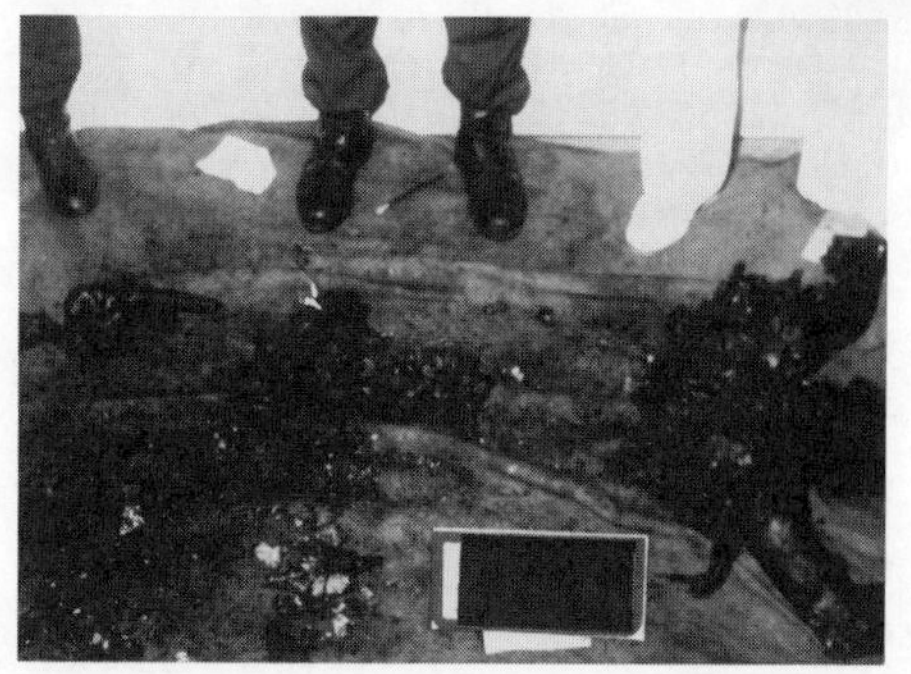

この身元不明の遺体写真の中で、歯が確認されたものについては福子氏らが歯型から確認作業を行ったのだが、それ以外は身元不明として合同で荼毘に付した。この状況を知らない遺族は、身元確認が遅いという苛立ちで怒りがこみ上げて医師に大声を上げたそうであるが、この状況を知った遺族は、壮絶な遺体の状態に絶句したそうである。

他にも私の手元には、人の形を最小限にとどめてカリカリに真っ黒になって、少し触ればぽろぽろと落ちてきそうな身元不明だった遺体の写真もある。

これを「ケロシンだからだろう」と簡単な一言で終わりにしようとするならば、それは大きな間違いである。もう一度確認するが、遺体の裏側、つまり反対側まで表と同じように燃えているということは、その遺体をひっくり返すか、または燃焼促進剤のようなものが付着してずっと燃え続けない限りそのようにならない。つまり、湿った土に触れている部分まではきれいに焼けないのである。これは肉を調理する際に、ひっくり返して反対側を焼くことを思い出す必要がある。鉄板上とは異なり、遺体があったのは土の上であってどのようにしたら裏まで焼けるのか、考えてみればわかることである。この現場は、連日の夕立で湿った土で、また鉄板のように下から熱が伝わってくる環境ではない。その土の上に横たわった遺体の反対側まで、体の厚みも加味して考えれば、たとえ、さらにケロシンを継ぎ足したとしても、ひっくり返して焼かない限り、全体が炭化することはない。

山頂付近では、遺体が落下したところに沿って焼損が著しい。逆に言えば、山頂付近でも遺体のないところは燃えていない。そして一晩中、ヘリコプターが山頂付近にて旋回し、物の上げ下げをしている様子が村民に目撃されている。一方、山から下って沢の山林の中深くに落ちた遺体は焼けておらず、そこに生存者がいた。早朝川沿いに歩き、生存者がいた沢から現場に入った消防団、警察関係者はすでに山頂から下りてくる自衛隊員を目撃している。

消防団から提供を受けた八月十三日早朝に撮影された現場写真には、山から下りてくる紺色の上下服と白いヘルメットをかぶった関係者の姿が写っている。沢から入った人たちより早く山に入り、下りてきた関係者がいる、それをどう考えるのか。この事実を「知る」ということ以外に真実は明らかにならないのだ。なお、写真はこれだけにとどまらない。

遺体の尊厳を守って事態と真摯に向き合い、これらを直視して深く考えなければ真実は出てこないのである。

スチュワーデスの制服は不燃服なのか

早速、土肥福子歯科医師に言われた通りに機長の遺体確認書の通し番号と客室乗務員の遺体状況を確認することにした。医師ならば他人ゆえ冷静に見るが、私のように日常的に先輩方と接してともに働いていた人間は顔が浮かぶこともあって見ない方がよい、とのアドバイスも頂戴した。だが、手元にある全資料に目を通してこそ真実が見えてくるのであり、つらい事実と真剣に向き合いながら作業を行うことを決心した。

客室乗務員の遺体状況は次の通りである。

まず、客室乗務員の中で唯一の男性であったチーフパーサーの服装は黒い制服で、コックピットとは異なり背広のようなもので袖口にシルバーの線があった。その波多野純チーフパーサーの検視番号は73と早かった。L1、前方Aコンパートメントの左側出入口付近のクルーシートに座っていたが全身が完全に揃っており、全く炭化していなかった。このAコンパートメントの乗客で左側の人たちは、波多野チーフと同じように顔で身元確認が可能であった人も多い。なお、客室乗務員は乗客と反対方向を向くクルー用シートに、三点で留めるシートベルトをしめて座る。いざという時、乗務員が死亡しては乗客の機外脱出が不可能になるから、乗務員の生存率を高めるというのがその理由であるため、乗客よりも肉体が保護されやすい状態であった。

二階席担当だった木原幸代アシスタントパーサー（以下ＡＳと表記）はどうだったのだろうか。この二階席には歌手の坂本九氏も座っていて、遺体状況から身元確認が大変困難だった。木原さんは検視番号１３８で、右手に欠損があり、下半身にダメージがあったがほぼ完全な状態で制服もあり、炭化もしていなかった。

一階席最前の部分、Ｒ１担当の藤田香ＡＳは確認が二回にわたっており、一度目は検視番号１５０で、制服姿であったが炭化しており、離断した頭部の一部が見つかったため、二度目の検視番号が７８３８で、結果的には制服と歯形による確認であった。

左側前方Ｌ２担当の吉田雅代ＡＳは検視番号１２６で、頭上部、右手、下半身が欠損状態で炭化していたが、制服もあり、ア（面接）で身元確認をしていた。

右側前方Ｒ２の大野聖子スチュワーデス（以下ＳＳと表記）は検視番号１４０、火傷状態であっても制服で確認、体は一部欠損状態であった。

真ん中の左、Ｌ３担当の赤田真理子ＡＳは全身揃っていたが火傷状態であり、ア（面接）にて確認された。着衣もそのままで検視番号は３８８であった。

真ん中で右側、Ｒ３に座っていた白拍子由美子ＳＳは、福子氏が語っていたとおり、一部炭化状態であった。右足欠損で、歯形から確認をしている。検視番号は３４６であった。

後方左、L4の海老名光代ASは、検視番号13で、きれいに全身が揃っており炭化はしていなかった。主として制服と所持品で身元確認をしている。

後方右、R4の波多野京子SSであるが、彼女もまた全身綺麗な状態である。歯の一部が欠けていたが、着衣と所持品で確認している。検死番号は少々遅い422であった。

新人の波多野SSを指導していた、同じくR4の宮道令子ASは256番で、下半身や胸部などが欠損状態であったが炭化はしていなかった。やはり着衣で身元確認している。

生存者のいた後方R5担当の大野美紀子SSの検視番号は28で、完全な遺体で焼けてもいないうえ、すべてが揃っていた。まるで先ほどまで生きていたようだったと医師が言っていた。ア（面接）とウ（着衣）で身元確認を行っている。

最後に、私がアナウンスの仕方を教えてもらった後部L5担当の対馬祐三子ASは、火傷の跡があったが全身揃っており、検視番号も67と早く、面接と服装、所持品で確認された。

これらの客室乗務員の遺体状況は大変重要な意味を持つ。

機体は墜落時、ちょうど五つのドア付近からおよそ五つの部分に分断されて落ちたであろうとされている。それぞれのドアの前には客室乗務員の座席がある。ジャンボ機の二階席（アッパーデッキ）、機体最前（Aコンパートメント）の右側（R1）と左側（L1）、前方中部（Bコンパートメント）の右側（R2）と左側（L2）、中部（Cコンパートメント）の右側（R3）と左側（L3）、後部（Dコンパートメント）の右側（R4）と左側（L4）、生存者のいた最後部（Eコンパートメント）の右側（R5）と左側（L5）の各部にクルーが配置されていて、乗客と向きあって座り、シートベルトも腰のみならず、三点で体全体を固定する仕組みとなっていたことで、乗客よりも衝撃に強く、身体的なダメージが少なかった。手足の離断状況については三点式のおかげなのか、細かくバラバラとなった乗客ほどではない。炭化については、彼女たちの遺体から、墜落時の火災の様子やその後の状況も燃え方もわかる。さらに、機体がどのように墜落後にバラバラとなったのか、衝撃がどのように体に作用したのかを比較検討することが可能となる。客室乗務員が乗客よりも離断が少ないということは、後ろ向きであればショックを吸収しやすいということもあろう。乗客は腰ベルトによって下半身が切断された人も多かったが、三点式ベルトであれば、ほぼ全身が完全に揃っている状態となる。

遺体の損傷が最もひどかったのは右側で、前方R1の藤田ASは離断と炭化状態、R3の白拍子SSが一部炭化状態である。乗客も右と左では、機体の右側の座席の衝撃が強く、炭化は、前方から中ほどの座席に多くみられる。後方部や機体の左側は比較的損傷が少ない状態であり、いずれにしても、全員の制服は炭とはならず、ほとんど燃えていない。

なぜ普通のニット素材の制服が燃えなかったのだろうか。

赤い革のベルトやスカーフまで付いているが、あのスカーフはシルク素材である。まさか客室乗務員の座席部分だけが、機体の前から後ろまで、たまたま燃えていなかったということはないだろう。そこで、もしかすると、墜落当初の火災状況は、各コンパートメントに座っていたこのクルーたちの遺体の状態から推測できる程度だったのではないだろうかとの推論が成り立つ。航空機燃料のケロシンがかかって燃えたとしても、この程度の燃焼による火災だったと考えれば、他の航空機事故での火災状況の遺体との共通性も理屈に合う。

ここで思い浮かぶのは、検死を担当した警察医の書き記した「二度焼き」である。

つまりその後、再び今度は強烈な火災が発生したのだとすれば、二度焼きの筋が通る。そうなると、その二度焼きの対象からスチュワーデスが外されていたのではないだろうかと考えても不思議はない。

もしも二度目の火災が何者かの意図によって発生したのであれば、制服が不燃布ではない以上、なんらかの心理的な作用によるものではないだろうかとも考えられる。

つまり、ミッキーマウスが燃えていなかったという事実とスチュワーデスの制服が燃えなかったことに、なんらかのつながりが見えてくるように思われる。

これは、機長の制服がない、ということにもつながるのではないだろうか。

機長の制服行方不明事件

最大の疑問は、なぜ機長の服がなかったのだろうかということである。

すぐ隣の席に座っていた副操縦士や後ろに座っていた航空機関士の制服は残っている。機長だけが服を取られたのか、遺体も顎と歯のほんの一握りしかなかった。そしてスチュワーデスの制服がほとんど燃えていなかったという事実は、一体何を物語るのだろうか。

まず、機長の高浜雅己の遺体は、報道各紙が取り上げた通り、ずいぶんと後になって発見された。もちろん奥様が後でよいとおっしゃったためでもあるが、実際には制服が全く見つからなかったこともその理由であった。

早速「ご遺体一覧表」を見てみたところ、警察医の作成した確認表では検視番号が125番であった。つまり結構早い段階で山から下ろされていたことになる。遺体は顎の一部（頭下部）、歯牙のうちの下右と下前の部分のほんの一握りだけであり、炭化はしていない。つまり焼けていないのである。それにもかかわらず、服がない。

次に、副操縦士の佐々木祐は、検視番号80とかなり早い。頭下部、胸腰部、左手（上腕、前腕、手掌）はあるが、右手はない。下半身は揃っていたが全体的に炭化していた。服はそのままで、身元確認にも服装ありに○がしてある。

福田博航空機関士については検視番号が461番と遅い部類に入る。頭上部が一部欠損して、両手も一部欠損、左足一部欠損状態で炭化していた。しかしながら制服はそのままで着衣にて身元確認を行っている。

こうやって詳細に見ていくと、確かに福子医師が語った通り、機長の服装以外、運航乗務員も客室乗務員もすべて着衣（制服）が残っている。

コックピットの三名の状態は、機長は炭化していないが制服がなく、二人は炭化状態であったが制服はあった、ということになる。高い高度から落ちた場合は風圧で全裸となる遺体も多いが、今回は乗客でも裸ということはなく、肉体が炭化していたとしても衣服は着用状態であった。なぜ機長だけが服がないのか、という思いは当時の検視（検死）を担当した警察も医師も同じであった。

この点については、様々な状況を考えながら推定するしか方法はない。

例えば墜落による激突の際、狭いコックピット内の三名は同じ状況であるから、三名とも遺体の制服があるか、またはなんらかの作用で三名とも服がないか、どちらかであれば不思議はない。しかしながら、狭い操縦室で機長の隣席に座っていた副操縦士やすぐ後ろの席の航空機関士は、服装と所持品で身元確認が行われたのであり、遺体の炭化はしていたが欠損は少なかった。一方、肉体的原形をとどめないほどバラバラとなったと思われる機長は、顎のほんの一部しか発見されず、その制服のかけらも燃えカスも発見されなかったのである。

いったいなぜだろうか。警察医や医師たちの証言では、自衛隊員による搬入後、遺体が運び込まれた身元確認場所となった体育館内では複数の目があって物や遺体をどうこうすることもできなければ、隠れる場所すらない、とのことである。となれば、機長の制服は山に放置、または自衛隊が搬入する過程において何処かへやってしまった、と考えるしかない。まず警察側も探していた機長の服を山に放置することは不可能であろう。それは自衛隊のみならず消防団や警察も加わって様々なものを回収したからである。次に激突して焼損したとしても、遺体が炭化した機長以外の操縦士の制服はそのままであったことから、跡形もなく焼損することは考えにくくなる。とすると機長の制服だけが消えてしまったことになる。

あの時、機内では墜落を悟った乗客たちはそれぞれ遺書を書いていた。胸ポケットに忍ばせたり、社用の封筒に書き残したり、時刻表に書いたり、様々であった。もし、機長だけがなんらかの事実を知り、それを書き記していたとしたらと考えてみても、必死の操縦で機体をたてなおしていた最中に遺書のようなものを書き残すことは不可能に近い。

あくまでも想像の範囲だが、一つの可能性として考えられることは、機長の制服の中に「何かがある」ことを恐れた人が、墜落後に回収したのではないだろうかということだ。つまり、副操縦士や航空機関士とは全く関係がないが、機長だけが「知った」何か、である。そして万が一、それが表に出ては困ると考えた人がいるのではないだろうか、としか制服の行方がわからない理由が思い当たらないのである。

なぜＪＡ８１１９号機でなければならなかったのか

機長の制服が跡形もなく消えたこと、事故歴のある飛行機と、機長が自衛隊出身のパイロットであったという組み合わせ、一九七八年の日航機墜落しりもち事故担当検査官だった運輸省東京航空局羽田駐在航空機検査長の自殺(2)、これらは偶然なのだろうか。

まず日時は八月十二日、明日からお盆休みという午後で、蒸した夏の気だるい空気であっても、誰もが休日前のどこかそわそわした気分であった。

日航123便に異変が起きたのは夕刻の18時24分、夕焼けに染められた日が傾きかけて夜へと向かう時刻であり、昼間ではない時間帯である。伊豆稲取沖海上を飛行中に垂直尾翼が吹き飛び、残骸の一部が海上に浮かんでいるのを、海上自衛隊護衛艦「まつゆき」が翌十三日夕刻に回収した。拾った位置は三崎港灯台沖西南西十五キロ海上で、その時、「まつゆき」の試験運行中であった。

突然「後部圧力隔壁が吹き飛んだことによる急減圧発生で垂直尾翼の破壊が生じたことが有力説である」という記事が出たのは、八月十六日（金曜日）の毎日新聞朝刊であり、この時はまだボイスレコーダーもフライトレコーダーも解析していない。

同時にこのJA8119号機が七年前の一九七八年にしりもち事故を起こして隔壁部分の修理を行った機体であるという報道が出た。

この二つの報道を重ねてみれば、誰もが「やっぱりそうか」と納得してしまう要素を含んでいる。つまり詳細に調べていないにもかかわらず、なんとなく違和感もなく、すんなりと記事を読んでしまう。もしかすると、これが狙いだったのではないだろうか。

その時上野村では、日米の運輸安全委員会合同捜査がまだ始まる前である。

さらに先に現地に入った事故調査委員会によるコメント記事では、後部圧力隔壁はほぼ完全な状態で見つかったが、自衛隊員が最大の証拠物をエンジンカッターで五分割にバラバラに切ってすでに重ねていたと報道されている。エンジンカッターで切った際、切った部分以外にその微振動で亀裂も多数生じたのである。次の日の日米事故調査の後に切るならばともかく、生存者もいない現場にもかかわらず、遺体収容のためというのが理由であるが、なにも後部圧力隔壁から先に切らなくてもよいはずだ。さらにその切った場所が、修理ミスと言われている部分に隣接しているのだから、それをどうとらえればいいのか。これは、事件現場がまったく保存されていなかった、それを誰もできなかった、ということが最大の問題である。

まとめると、修理の事故歴のある飛行機が飛行中の夕刻から夜にかかる時間に突発的事態が発生した。その前日の八月十一日まで防衛庁発表では、国産ミサイルの開発研究で洋上訓練を行っており、護衛艦「まつゆき」も試験運転の最中というのは紛れもない事実である。これらをつなぎ合わせて考えてみると、何が見えてくるのだろうか。

試運転中に国産ミサイル開発の誘導プログラムのデータ取りが必要であったとすれば、何かあった場合の保険として、飛行機に事故歴のあることが絶対の必要条件であったのではないだろうか。そして、民間出身のパイロットではなく、自衛隊出身のパイロットならばもみ消せるかもしれないという点が十分条件とすれば、両者が揃うことが必要十分条件であると言える。さらに、万が一の場合も考えると、日中よりも夕刻から夜にかけての暗さが好都合であった、とも考えられる。なお、このJA8119号機に高浜機長が乗務するというスケジュールが決定するのは通常なら一カ月前である。ただし、機長にスタンバイが入ると変更が生じる可能性もある。この123便において、佐々木副操縦士の機長昇格実技審査が行われることになったので、そのチェックを行う高浜機長のスケジュールはよほどのことがない限り変更されない。すると、ここで「計画」が立てやすくなる。このように考えると、ありえない話ではない。

さらに「赤い飛行機のような物体」を目撃していた人々の証言、ファントム二機による日航機追尾の目撃情報も重ねると、一本の筋道が見えてくる。

しかし、ここまで筋が通っても、これを納得する人と絶対に納得しない人に分かれてくる。理論を優先して物事を考えると、たとえ現実がそうであったとしても、何とも言えない気持ち悪さはぬぐえない。つまり現実を受け入れがたい自分がそこにいるのである。

一つの言葉が浮かんでくる。

「気取った理論など気にするな。誰かがオフィスで考えた理論を信じてよいのか、それよりも実際に見たものを信じるべきだ」（ジェイン・ジェイコブズ[3]）と語った彼女の言葉が耳に鳴り響く。一九五〇年代に、住民側に立たずに大規模土地開発を推進する行政に、ノーを突きつけた女性である。市民側の力によってそれを阻止し、個人に忍耐を強いる理不尽な開発に対して闘った人であり、映画にもなっている。

ここで示唆されていることは、国側が用意した「専門家」に対して、私たちはあまりにも安易に任せ、無条件でその言動を信じすぎていはしないか、ということである。とかく表向きはソフトであっても、裏から見れば欺瞞に満ちた言動の可能性は十分にありうる。

当然のことながら重大な発言や決定をする際、慎重にならざるを得ないのは誰も同じだ。

しかしそれは「慎重」という名の「臆病」ではないだろうか。その裏に隠された心理は、いざというときに世間的に自分の評判を落とすのではないかという懸念が先に走り、絶対的に自分が優位にならない限り、組織に従属することを選ぶ生き方が染みついているからではないだろうか。

ただし、慎重という名前の「恐れ」を「安心」へ変えていくことはできる。そして真実を受け入れて語り出す人がどんどん出てくれば、それに同調する人たちもどんどん増加する。これらの心理は、隠蔽したい側にしてみれば、最も懸念すべき事態である。そうした事態を回避したいゆえに、異論を唱える人にはとんでもない発言としてレッテルを貼り、都合の悪いことを言う少数者を排除することで、現在の体制を保とうとするのである。

全体の安定性を優先する裏に、実は隠したい何かが潜んでおり、その究極の理由は、他者のためでも国益のためでもなく、自己満足や保身である場合が多い。隠したい側の人間は、特に自覚するほどの小心さに支配され、あらゆるプレッシャーに耐えて組織との折り合いをつけて生きる術(すべ)を身につけてきた人間、とも言える。そういう人は異論や違和感のあるものは受け入れ難い。おそらくこの仮説についてもそうであろう。

もし少数者が主流となり得る方法があるとすれば、それは絶対的証拠物の提示である。それが出てこないと多数者は異論を支持することに安心できないのである。

そこで、御巣鷹の尾根に残された遺物から、科学的方法によって推定の裏付けができないだろうかと考えて、その証拠物を分析することにしたのである。

註

（1）「恵庭ＯＬ殺人事件」とは、二〇〇〇年三月に北海道恵庭市で起きた女性従業員（当時二十四歳）の殺人事件である。同僚の女性が犯人として逮捕され、無罪を主張するものの、一審、二審とも有罪となり、二〇〇六年に殺人、死体損壊の罪で懲役十六年が確定した。日弁連は二〇一七年に第二次再審請求支援をしたが、その結果は棄却となった。しかし、当初から警察の見込み捜査の懸念が指摘されている。最大の疑問は、遺体の不自然さである。例えば「燃焼工学の鑑定によると後頭部の損傷がひどく、当初はうつぶせで焼かれ、その後に反転させてあおむけからも焼かれた」という記述が裁判記録にも残されており、特に下半身の燃焼がひどく、犯人とされた身長百五十センチ程度の小柄な女性一人による犯行が可能かどうかが疑問視されていた。弁護士は豚を使って灯油を何度もかけながら燃焼実験を行っている。同じ状態に焼くのにこれだけの時間がかかるということは、その直後にガソリンスタンドで灯油を購入した受刑者のアリバイを成立させ、彼女が犯人ではない、ということになる。この事件を担当している弁護団に日航123便の遺体写真も見てもらった。そこにガソリンを使用した炭化状態の類似性が見られた。

（2）運輸省東京航空局羽田駐在航空機検査長の自殺——一九八七年三月十七日の各紙夕刊報道によれば、十七日の早朝午前五時頃、機械電子検査検定協力職員で元運輸省東京航空局羽田駐在航空機検査長のS・Tさん（五十七歳）が、浴室で殺虫剤を飲んで死んでいるのを家族が見つけた、とある。遺書もあったため、日航ジャンボ機墜落事故で群馬県警から事情聴取を受けたことに気落ちしての自殺とみている。Tさんは、一九七八年に大阪空港で起きた日航機しりもち事故当時、検査官をしていた。事実上の飛行許可である耐空証明を出していたことから、同月十日から群馬県警特捜本部より参考人として事情聴取を受けていた。運輸省航空局は、大変なショックを受けている、しりもち事故担当の検査員の年長者であり、非常にまじめでおとなしい人だった、と語っている、とある。

（3）ジェイン・ジェイコブズ（Jane Butzner Jacobs 一九一六年～二〇〇六年）——ノンフィクション作家で、高速道路の急速な建設や都市開発によって壊れ行くアメリカと人間不在の開発に疑問を持ち、その後の都市計画開発に一石を投じた。その生涯はドキュメンタリー映画『ジェイン・ジェイコブズ　ニューヨーク都市計画革命』でも描かれている。

第三章

遺物調査からわかったことは何か

機体の声が聴こえる

尾根からの証拠物

初めてその「塊」を見た時、不気味な物体というよりも、必死に語りかけてくる「何か」を感じざるを得なかったのを覚えている。その塊には霊気のようなエネルギーが閉じ込められているようで、正面から見据える私に何かを訴えかけるような無言のオーラを放っていた。

御巣鷹の尾根に墓参した遺族や一般の方々が山に登るたび、飛行機の残骸と思われる桁の部分やリベットなどの接合部品、機内の壁紙などの備品が足元に落ちていることに気付くはずだ。数年前にも大雨が降った後で山の土が流され、一メートル以上の大きさがある翼付近の機体の一部が露出したとの報道もあった。すべて回収したはずと言っても、現実には多数の残骸があの尾根に残っているのである。

さて、その「塊」だが、墜落後に上野村住民が尾根の整備を行った際にコツコツと拾い集めたものだった。上野村村長の黒澤丈夫氏とその話になった時、「いつの日か大学などの研究機関で成分の分析をしてほしい」ということであった。その依頼に対して私は「いつか必ずします」と答えたものの、思えばあっという間に数年が過ぎていた。それらの「塊」はずっと時が止まったままの状態で、上野村の住民が大切に保管していた。

私の心深くに村長の言葉が重石のように鎮座し続け、八月十二日が来るたびにそのことが思い出されてならなかったのである。

私は社会人院生として大学院に進んで博士号を取得したのだが、その時の社会人学生たちは、その道で有名な企業出身者や各省庁出身者も多かった。最近日本でも社会人院生が増えてきたが、欧米では一度社会人として仕事を持ち、自分の学費を稼いでから次のステップとしてキャリアアップや知的好奇心のために博士号を取得し、ロイヤーやドクターになるために大学院へ進むというのが通常である。そういった意識の高い学友とともに議論を重ねた日々は充実していた。さらに各国からの留学生たちとの交流によって研究分野のみならず、プライベートでも損得なしのつながりは思いもかけないネットワークを生む。教授たちも私と年齢が近いこともあって、様々な疑問を率直に質問して専門的知見を集められたのも大学院という環境のおかげであった。専門を超えて講義を聴く機会にも恵まれ、真摯に事実を受け止めてともに考えてくれる法律関係者や研究者との出会いも貴重であった。その中でも特に関心を持ってくださったS弁護士を通じて、やっと故黒澤丈夫氏との約束を果たすことができたのである。

たった今、この本を執筆中に机の上に飾っている村長の写真の顔が、にんまりと笑みを浮かべたような気がした。そしてあの言葉を思い出した。

「上野村の慰霊の園にある納骨堂だが、開かずの扉は開かない扉ではない。『永久の眠りを妨げないように』と誰かが設計者に依頼しただけであって、私はそれを許可した覚えはない。おそらく、自分の死後も開けてほしくない人が強く指示したのだろうが、あの扉はね、正面から開かなくても、他にいろいろな道はあるのだよ」と教えてくれたあの低音の落ち着いた声が耳に残っている。そして私が持参した村長の著書『わが道これを貫く』に「積陰徳」とサインをしてくださった。

さて今回は、数ある「塊」から、二つのサンプル（AとB）について分析を実施した。

金属材料の研究でトップクラスの世界的に権威のあるT大学工学部にて、金属の専門分野における学術研究として専門の技術者に依頼をして組成分析を行った。

客観性を担保するために、技術者には採取場所の情報は伏せたまま、その塊の成分を分析し、それが何であるのか、表面に付着物があるとすればそれは何なのか、この二つに絞って行った分析の結果が次の通りである。少し専門的な言葉も出てくるがご容赦願いたい。

遺物の分析結果

（1）組成分析　ICP-MS

組成分析とは、この塊の中に含まれるのはどんな元素か、元素の含まれる量、つまり一ミリグラム当たりに何マイクログラム含まれているのか、といった分析である。サンプルA（一四二頁写真）の分析結果は次の通りである。

この物体の大きさだが、最大幅は12㎝、縦は約11・5㎝、重さ520gであり、一見するとまるでマグマが固まって冷めた岩のように見える。表面に所々に黒く付着したものがあり、複雑怪奇な形だ。なんらかの物体が高温で溶けて、その後徐々に冷えて固まったもののように見える。現在噴火が再び活発化したハワイ島の住宅街に流れ出たトロトロの溶岩が道路上で固まっていく様子が放送されているが、あれと同じような塊で、外側から内部には黒い炭状のものがねじり込まれているようである。土や葉っぱ、木片を巻き込んでいるというよりも、それ自体が何かを被り、溶けて積み重

ICP-MS用サンプルA

【前処理：前】

【前処理：後】

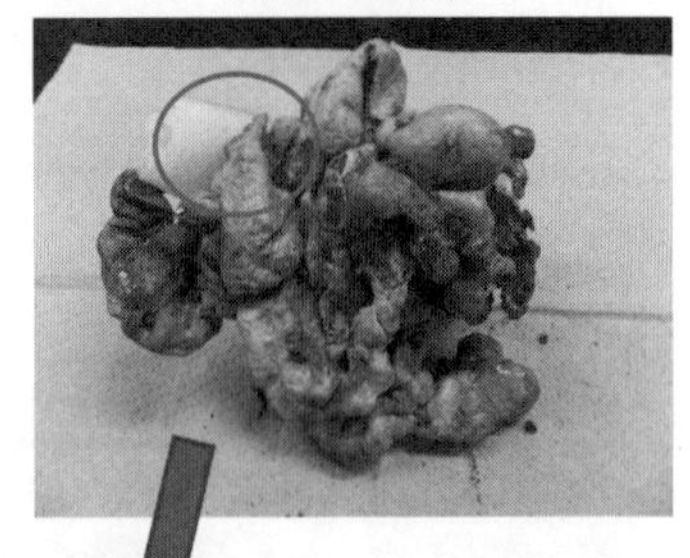

【採取サンプル】

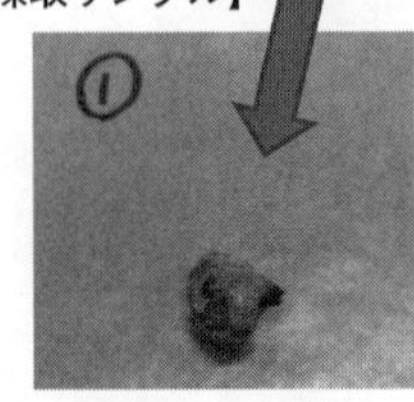

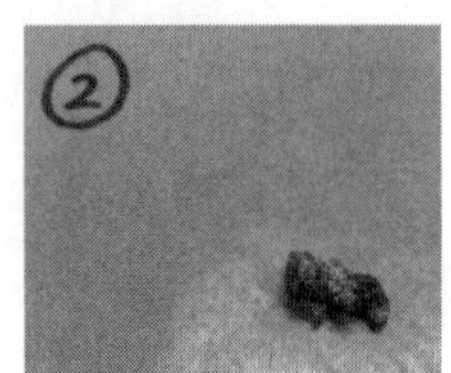

※サンプル②については、ハンマーで叩いた際に落ちた破片となり、採取部分は不明です。（以下、遺物は上野村住民より借用）

なったような形状であった。

検査方法は塊の一部を採取し、その破片をＩＣＰ－ＭＳ[1]という分析方法にかけた。この物体の構成各成分を解明することで全体の組成を明らかにする分析（組成分析）である。つまり何が（定性）どれだけ（定量）含まれているのかを分析することになる。

二カ所から採取したものを誘導結合プラズマ質量分析計（ＩＣＰ－ＭＳ）にて分析した結果が一四六―一四七頁の表3と、一五〇―一五一頁の表4である。なお、すべてを足して１００％という分析の仕方ではないので注意が必要となる。

最も高い値が元素記号Al（アルミニウム）であり、①が91・4％、②が87・9％となっている。次に高いのが元素記号Ｓ（硫黄）で、①が33・5％、②が86・2％で、場所によってばらつきがあり、値に差が出ている。②の部分は①部分に比べて黒色であり、その部分にＳ（硫黄）が多く含まれていることになる。

他にZn（亜鉛）、Mg（マグネシウム）、Si（ケイ素／シリコン）、Cu（銅）がそれぞれ7％から2％ほどの割合で含まれていた。これは一体何の物質なのだろうか。

一九八五年当時のボーイング７４７の構造材料の使用比率は図7の通りである（一四四頁）。

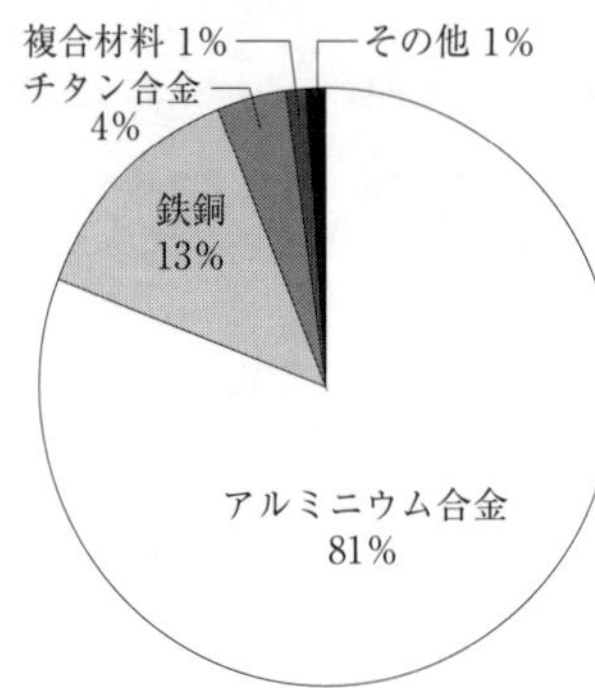

図7「航空機におけるアルミニウム合金の利用の概況と今後」（中沢他、2014から抜粋）

一九七〇年代に開発されたB747の場合、二十一世紀に入って設計されたB787などの複合材料が52%という機体材料とは異なり、アルミニウム合金が全体の81%を占めていた（図7）。航空機の外板には疲労特性にすぐれた超ジュラルミンの2024系統の合金、部品などは静強度が高い超ジュラルミンの7075合金を中心とした7000番台の合金が使われている。航空機用のA7075は亜鉛やマグネシウム、特に銅を添加してできている。これらも考慮してみると、80%を超えるアルミニウム合金と他の物質の定量の割合から、この塊が航空機の機体構造における材料だと考えられる。

次にサンプルB（一四八頁の写真）の結果を示す（一五〇―一五一頁の表4参照）。こちらは一見すると岩石に見える。てっきり石が何らかの作用でこのような形になったと思っていたのだが、実は大変興味深いことがわかった。二つあるが、そのうち小さい方は縦3.8㎝、横3.5㎝、厚さが2㎝位で、重さが30g、大きい方は、縦7㎝、横4.5㎝、重さ70gである。いずれもサンプルAと同じようにICP-MSで行った。

　サンプル採取の際、叩いても割れなかったため、削ってみると驚いたことに一四八頁の写真・左のように金属の光沢が現れたのである。つまり外から見たらわかりにくかったが、これは岩石ではなく厚みのある金属ということだ。形状から見ても金属がドロドロに溶けた状態となり、それが固まったことが明らかになった。

　これも二カ所採取して行い、その組成分析の結果だが、削った中でのアルミニウム(Al)は①の部分が19・5%、②が32%、次に多いのがやはり硫黄(S)で、①13・7%、②10・9%、他に亜鉛(Zn)9%、銅(Cu)0・8%等である。外側は1ミリ位の厚さで、色がついているが、中身と合わせて分析をしたので数値的には少量であるが、これもアルミニウム合金の可能性が高く、同じく航空機構造材料と言える。

(2)黒い部分の質量分析　GC-MS

　今度は表面の黒い物質について分析を行った。

　それぞれのサンプルには表面に特に焦げたように黒い部分があり、それを削りとって成分の分析を行った。アセトンという薬品を用いて分析するのだが、アセトンに溶

μg/mg	①	②
115 In	0.003	0.01
118 Sn	0.19	0.01
121 Sb	0.005	0.02
125 Te	<0.00001	<0.00002
133 Cs	0.05	0.11
137 Ba	<0.000001	<0.000002
139 La	0.001	<0.0000001
140 Ce	0.001	0.001
141 Pr	<0.0000001	<0.0000001
146 Nd	<0.0000002	<0.0000004
147 Sm	<0.0000002	<0.0000004
153 Eu	<0.0000001	<0.0000001
157 Gd	<0.0000001	<0.0000003
159 Tb	<0.000	<0.000
163 Dy	<0.0000001	<0.0000001
165 Ho	<0.000	<0.000
166 Er	<0.0000001	<0.0000001
169 Tm	<0.000	<0.000
172 Yb	<0.0000001	<0.0000001
175 Lu	<0.000	<0.000
178 Hf	0.001	<0.0000003
181 Ta	<0.000	<0.000
182 W	0.003	0.01
185 Re	<0.0000001	<0.0000001
189 Os	<0.0000002	<0.0000004
193 Ir	0.0002	0.001
195 Pt	0.004	0.01
197 Au	0.002	0.002
205 Tl	0.0003	0.001
208 Pb	0.25	0.02
209 Bi	0.01	0.01
232 Th	0.001	<0.0000001
238 U	0.001	0.001

高い値を示したのは、Al（アルミニウム）、S（硫黄）、それからZn（亜鉛）、Mg（マグネシウム）、Si（ケイ素／シリコン）、Cu（銅）など。

μg/mg	①	②
7 Li	<0.0001	<0.0003
9 Be	<0.0001	<0.0002
11 B	4.00	9.68
23 Na	1.35	3.69
24 Mg	31.63	27.63
27 Al	913.82	879.17
28 Si	29.13	69.07
31 P	1.91	6.31
34 S	335.29	862.31
39 K	2.04	5.47
43 Ca	<0.001	<0.002
45 Sc	<0.000001	<0.000002
47 Ti	0.47	0.84
51 V	0.14	0.14
52 Cr	1.95	1.49
55 Mn	1.20	1.57
56 Fe	2.87	8.15
59 Co	0.06	0.01
60 Ni	0.21	0.04
63 Cu	24.50	30.75
66 Zn	45.22	33.19
69 Ga	0.06	0.07
72 Ge	<0.000002	<0.000006
75 As	0.04	0.10
78 Se	<0.00002	<0.00005
85 Rb	<0.000001	0.01
88 Sr	0.02	0.05
89 Y	<0.0000002	<0.0000004
90 Zr	0.05	0.02
93 Nb	<0.0000002	<0.0000004
95 Mo	<0.000001	<0.000002
101 Ru	0.005	0.02
103 Rh	<0.0000001	<0.0000001
105 Pd	<0.0000002	<0.0000006
107 Ag	0.004	0.002
111 Cd	0.01	<0.000002

表3　金属塊　サンプルAの組成分析結果

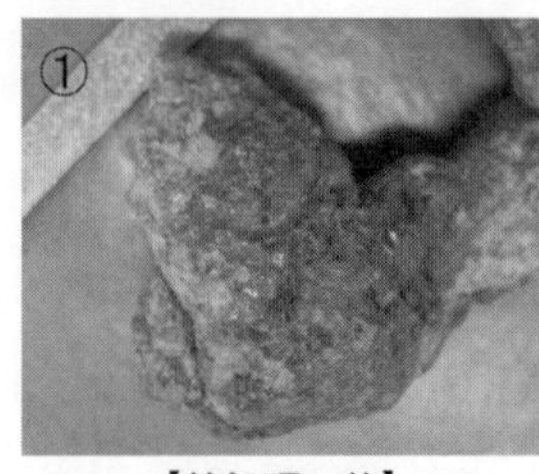

【前処理：後】

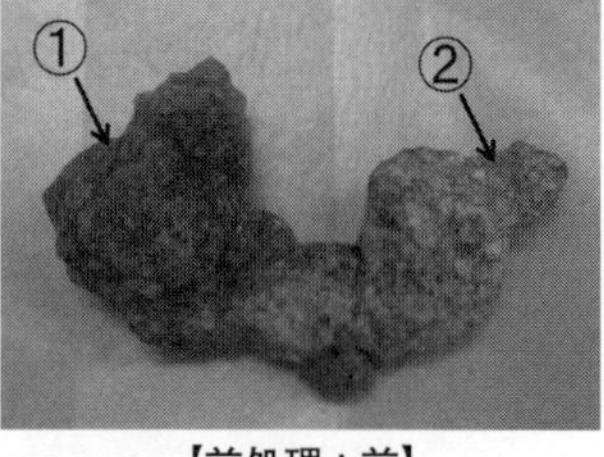

【前処理：前】

ICP-MS用サンプルB

けたものがその対象となる。ガスクロマトグラフィー質量分析計（GC－MS）[2]という方法で分析した結果は次の通りである。グラフではピークと呼ばれる飛び出した部分にその物質が出てくるということで、それが出てくる時間と距離で測定する。（一五四―一五五頁の表5参照）

サンプルAのピークの部分を見ていく。様々なものが出てくるが、Qualの80以上の値が出たものが確からしいということであった。そこでその上位を見ていくことにする。Qualが94の値を示したのが、Trichloromethane（トリクロロメタン）いわゆるクロロフォルムである。次に91を示したのがBenzene（ベンゼン）である。さらにQualの90がBicyclo[3.2.0]heptane（ビシクロ［3．2．0］ヘプタン）、83が3-Penten-2-one（3－ペンテン－2－オン）、2-Pentanone（2－ペンタノン）と続く。

サンプルBのピークも併せて見ていく。最も高いピークが、94でTetradecane（テトラデカン）、次に91が

Benzene（ベンゼン）、同じく91がCyclohexanol（シクロヘキサノール）、83が2-Pentanone（2-ペンタノン）、80が2-Pentene（2-ペンテン）、Heptadecane（ヘプタデカン）などとなっている。

さて、これらから何が見えてくるのだろうか。

化学者の見解と結果

この結果を踏まえて、今度は工学研究科材料化学系の研究者の見解を伺った。

今回のＩＣＰ-ＭＳにおいて、機体を構成する超ジェラルミンに含まれるアルミニウムを除くと硫黄、ＧＣ-ＭＳ分析でベンゼンが多く検出された結果について、まず、ジェット燃料（高度に精製された灯油のケロシン）にこの成分が含まれているのか、に絞ってお聞きした。

結論として、最も問題となったのは、ベンゼンの存在である。

ジェット燃料のケロシンや灯油は、炭素が直鎖上につながったもの（パラフィン）であるが、それらにはベンゼン（炭素が六角形状になったもの）は含まれない。ただ、一つの可能性として、たとえばジェット燃料が高温で熱変成したことで、ベンゼン環が合成されたのかもしれない。ただし、単に高温になっただけでは、ジェット燃料は

μg/mg	①	②
115 In	0.00001	<0.00001
118 Sn	0.0005	0.0004
121 Sb	0.003	0.0003
125 Te	<0.0006	<0.0006
133 Cs	0.001	0.001
137 Ba	0.0003	0.0001
139 La	0.00003	0.00001
140 Ce	0.0001	0.00001
141 Pr	0.00	<0.000003
146 Nd	<0.00001	<0.00001
147 Sm	<0.00001	<0.00001
153 Eu	<0.000003	<0.000003
157 Gd	<0.00001	<0.00001
159 Tb	N.D.	N.D.
163 Dy	<0.00001	<0.00001
165 Ho	N.D.	N.D.
166 Er	<0.00001	<0.00001
169 Tm	N.D.	N.D.
172 Yb	<0.00001	<0.00001
175 Lu	<0.000003	<0.000003
178 Hf	0.00001	0.00001
181 Ta	0.00001	0.000002
182 W	0.001	0.001
185 Re	<0.00001	<0.00001
189 Os	<0.00001	<0.00001
193 Ir	<0.000003	<0.000003
195 Pt	0.00002	0.0001
197 Au	0.002	0.00005
205 Tl	0.00001	0.000004
208 Pb	0.0004	0.001
209 Bi	0.0001	0.0001
232 Th	0.00002	0.000004
238 U	0.000004	0.00002

高い値を示したのは、Al（アルミニウム）、S（硫黄）、Zn（亜鉛）、Cu（銅）と続く。

μg/mg	①	②
7 Li	0.003	0.001
9 Be	0.001	0.002
11 B	0.32	0.28
23 Na	2.33	1.35
24 Mg	5.16	7.30
27 Al	194.54	322.29
28 Si	81.46	47.34
31 P	2.63	1.21
34 S	136.64	108.50
39 K	1.70	1.42
43 Ca	<0.040	<0.040
45 Sc	<0.00004	<0.00004
47 Ti	0.50	0.47
51 V	0.17	0.10
52 Cr	1.71	1.63
55 Mn	0.32	0.22
56 Fe	4.76	2.04
59 Co	0.02	0.004
60 Ni	0.10	0.22
63 Cu	8.32	18.06
66 Zn	90.10	35.18
69 Ga	0.05	0.06
72 Ge	<0.0001	<0.0001
75 As	0.0002	0.0004
78 Se	<0.001	<0.001
85 Rb	0.0001	0.0001
88 Sr	0.0006	0.00003
89 Y	0.00002	<0.00001
90 Zr	0.001	0.0004
93 Nb	0.00005	0.00001
95 Mo	0.001	0.0002
101 Ru	<0.00002	<0.00002
103 Rh	<0.000003	<0.000004
105 Pd	<0.00002	<0.00002
107 Ag	0.0003	0.00002
111 Cd	0.0002	0.0001

表4　岩石　サンプルBの組成分析結果

質量分析（GC-MS）の手順

サンプルA　写真部を切り取り（0.1574g）、アセトン2mLに24時間浸漬後、アセトン溶液を分析

採取前

採取後

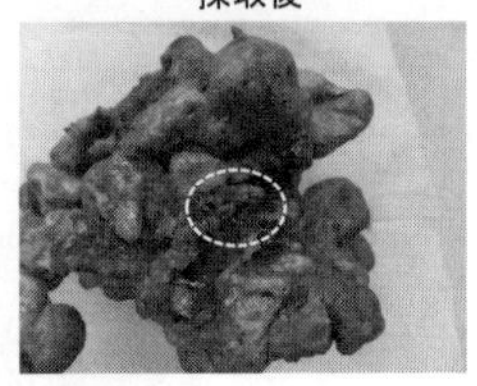

採取した破片（0.1574g）

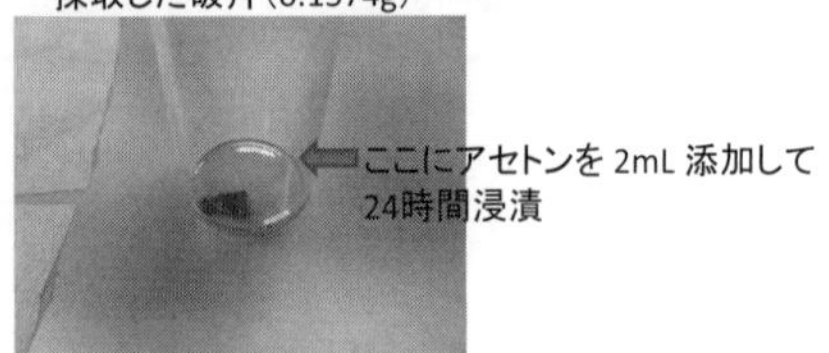

サンプルB　写真部の変色部分をアセトン2mLで洗浄し、洗浄液を分析

分析室の工具で粉砕を試みましたが、固く粉砕できなかったため、点線エリアをアセトン2mLで洗い流し、その洗浄液を分析しました。

GC-MS用サンプルAとB

蒸発及び分解してしまって残留はしない。

今回の検査で残留している物質は、閉じた空間におかれて蒸発せず化学反応したとも考えられる。いずれにしてもジェット燃料にはベンゼンは含まれていない。

それでは、ベンゼンが含まれているものは何かを考えると、ガソリンである。ガソリンにはベンゼン環が含まれている。たとえば、耐熱性の高分子ポリマーにベンゼン環が含まれているので、それが検出されたとも考えられる。

今回いずれにしても明らかになったことは、ジェット燃料に含まれていない大量のベンゼンがジュラルミンに付着していたことである。そしてその「ベンゼン環」はガソリンに含まれているということである。

この結果からまとめてみると以下のようになる。上野村の墜落現場に「ベンゼン」という物質があった、それは当時の民間航空機が使用していたJET－A／40というジェット燃料に含まれているものとは異なり、ガソリンに含まれている、ということである。

今回のICP－MS分析で、硫黄が多量に検出されたことについては次の通りである。

まず、このジェット燃料には一般的に硫黄は含まれていない。それは精製過程にお

1-Hexanol, 2-ethyl-	78	
1,6-Octadien-3-ol, 3,7-dimethyl-	37	
Cycloheptane, methyl-	50	
Cyclopentasiloxane, decamethyl-	53	
Cyclohexanol, 以下略（シクロヘキサノール）	91	★
Ethanol, 1-(2-butoxyethoxy)-	64	
Z,Z-2,5-Pentadecadien-1-ol	43	
Cyclohexasiloxane, dodecamethyl-	64	
Nonane, 2,2,4,4,6,8,8-heptamethyl-	59	
Butyric acid, 2-tridecyl ester	50	
Propanoic acid, 2-methyl-, 3-hydroxy-2,4,4-trimethylpentyl ester	72	
Tetradecane（テトラデカン）	94	★
Butylated Hydroxytoluene	46	
Heptadecane, 2,6,10,15-tetramethyl-（ヘプタデカン）	80	★
Pentanoic acid, 2,2,4-trimethyl-3-carboxyisopropyl, isobutyl ester	78	
1H-Indene, 1-ethyloctahydro-7a-methyl-, (1.alpha.,3a.beta.,7a.alpha.)-	43	
3-Amino-2-phenazinol ditms	30	
5H-Dibenz[b,f]azepine, 10,11-dihydro-	47	
2-Piperidinone, N-[4-bromo-n-butyl]-	10	
2-(p-Tolylmethyl)-p-xylene（p－トリルメシル）	80	★
1,2-Benzenedicarboxylic acid, butyl decyl ester	72	

Qualの数字が80以上のものは異常値となることに注目。

サンプルA

Library/ID	Qual
Trichloromethane（トリクロロメタン=クロロフォルム）	94★
Benzene（ベンゼン）	91★
2,4-Hexadiene, 2-methyl-	72
3-Penten-2-one, 4-methyl-	72
Bicyclo[3.2.0]heptane, cis-（ビシクロ[3. 2. 0] ヘプタン）	90★
3-Penten-2-one, 4-methyl-（3−ペンテン−2−オン）	83★
2-Pentanone, 4-hydroxy-4-methyl-（2−ペンタノン）	83★
Cyclohexasiloxane, dodecamethyl-	78
Pentasiloxane, dodecamethyl-	42
Benzoic acid, 2,4-bis[(trimethylsilyl)oxy]-, trimethylsilyl ester	35
Heptasiloxane, 1,1,3,3,5,5,7,7,9,9,11,11,13,13-tetradecamethyl-	9
Dibutyl phthalate	39

サンプルB

Library/ID	Qual
Benzene（ベンゼン）	91★
5-Methylbenzofurazan	25
2,4-Heptadiene, (E,E)-	50
2-Pentene, 4,4-dimethyl-（2−ペンテン）	80★
8-Azabicyclo[5,2,0]nonan-9-one	64
2-Pentanone, 4-hydroxy-4-methyl-（2−ペンタノン）	83★

表5　サンプルA、B表面（黒い部分）の質量分析（GC-MS）結果

いて、硫黄を除去しているからである。若干は残っているかもしれないが、しかし、今回は多量である。それではなぜ硫黄があったのか。たとえばゴム（粘着物質）には硫黄が入っており、多量に検出された硫黄は、ゴムに含まれていた可能性が高い、とのことだった。ここで、機体の一部であるタイヤのゴムを考えられる方もあると思うが、その少ない量と散らばり具合を考慮するとタイヤのものとは考えがたい。

そこで他の成分からの見解もお聞きしたところ、GC-MSの結果で、アセトン（分析に用いた薬品）の重合体（重合）が多く検出されているため、何か重合を促進する物質が含まれていた可能性もあるとのことで、アルキルアルミニウムがアセトンの重合を促進させたと言える可能性もある、ただ他にも重合促進作用がある物質が多数あり、確定的ではない、とのことであった。

ちなみに、アルキルアルミニウムという物質は、火炎放射器の燃料にも含まれているものである。

結果としては、まとめてみると次のようになる。

まずサンプルAとBの物質が「何か」という点については、（1）の組成分析の結果、いずれのサンプルもアルミニウムが多く占めることから、航空機の構造材料である超ジュラルミンであることが明らかになった。御巣鷹の尾根に墜落した後の採取であることから、これは日航123便JA8119号機のものであることは間違いない。

そこで、（1）組成分析と（2）質量分析の結果から生まれた最も大きな疑問は、二つとも航空機材料には含まれていない硫黄（S）とベンゼンの値が高いことである。決定的だったのは、化学者の指摘する「ジェット燃料のケロシンや灯油は、炭素が直鎖上につながったもの（パラフィン）であり、ベンゼン（炭素が六角形状になったもの）は含まない」ということである。

ケロシンではジュラルミンはこのような状態にはならない、ガソリンならばあり得るという裏付けが可能となった。

また、かなりの量のベンゼンが含まれていることから見ても、大量のガソリンが使われていたことになる。さらにガソリンは石炭乾留によって得られるタール軽油やタール成分としても製造されていることからその可能性もある。

次に硫黄だが値にばらつきは見られるが、それにしてもその量は大きい。その数値の大きさからすると偶然に混入した、ということではないと考えられる。サンプルAでは（②①でそれぞれ）86％、34％でこれだけの割合があるということは、かなりの量の硫黄を含む物質を封じ込めてジュラルミンが固まった、ということになる。

航空機に使用される超ジュラルミンの融点は約650℃ということだが、この高温を維持しておかない限り、このような溶解物にはなりにくい。他の航空機事故の火災現場では、粉々になったジュラルミンでもそのままの破片状態で焦げながら残っているのがほとんどである。ドロドロにアルミニウム合金が溶けて、地面にどんどん流れ出てきた、という事故現場はない。

サンプルBもアルミニウム合金だが、かなりの厚みが生じている。流れ出て固まったと思われるが、こちらにもアルミニウムの含量に匹敵するほどの量の硫黄が検出された。

いずれもケロシンには含まれないベンゼンと硫黄の存在をどのように考えればよいのだろうか。しかもこれらの「塊」(サンプルA、B)は日航123便機体番号JA8119号機の一部なのである。

ジャンボジェット用のケロシンはかなり純度の高い灯油の一種であり、それを構成する元素記号もくまなく見たが、硫黄つまり「S」は含まれていない。民間航空機用の燃料は安全性が高く、質が良いものなので硫黄は含まれず、重油など質があまりよくないものや燃焼効果を狙ったものなどに硫黄は含まれている。重油とはコールタール中に含まれる重質油であり、一般にはディーゼルエンジン、ボイラーなどの各種加熱燃料として使用される石油である。船舶の燃料などに使われる。ほかに航空機で使用される油にはエンジンオイル等、潤滑油もあるが、すべて天然由来のものではなく化学合成油である。

ベンゼンと硫黄を含むタール成分のものが付着し、黒い部分を構成しているとする分析結果から、飛行機の構造材料の超ジュラルミンをこれほどまでに溶かした粗悪な燃焼促進物が上野村の墜落現場にあったということになる。

これは現場にいち早く入った消防団の証言による「ガソリンとタールの臭い」にも合致する。それにしても、硫黄、ベンゼン、こういうものが入っている燃焼促進を主とした物質はなんだろうか。GC-MSによる質量分析によると、サンプルAではクロロフォルムも融解したジュラルミンにベッタリと張り付き、入り混じっていたということになるが、この日の搭載物に危険物が確認されていない以上、これらの成分が検出されたことは重大である。ましてやガソリンを大量に搭載することなどない。

そこで、火炎放射器の武器燃料成分について書かれた論文を、東京大学宇宙航空研究所から入手した。その特徴的な成分である、(1)アルキルアルミニウム、(2)天然あるいは合成ゴム、(3)高分子弾性体のプロポリマーで粘稠したゲル、といったものが分析結果から考えられるかどうか、見えてくるかどうかについても今回の成分分析者に見解を伺った。

アルキルアルミニウムは重合触媒として、合成ゴムの製造に用いられているとのことである。今回、多量のアルミニウムはジュラルミン由来であることから、それがアルキルアルミニウムかどうかはわからない。ただ、GC-MSの結果で、アセトンの重合体が多く検出されているので、何か重合を促進する物質が含まれていた可能性があり、アルキルアルミニウムがアセトンの重合を促進させたと言える可能性は否定できない、とのことであった。

つまり合成ゴムが含まれていた可能性はありそうだ、ということになる。今回は計測結果から導き出した一つの可能性であるが、今後さらなる精密な測定を行い、ゴム関係の専門家を交じえながら調査していきたい。なお、今回は調査結果の一部を提示したが過去の公害問題でよくあったように、どこかの御用学者が出てきて重箱の隅をつつくようにこの結果を否定してきたとしても、他の遺物調査と併せて弁護士立ち合いのもとで詳細な調査が続いていることを明言しておく。

あの日、上野村の墜落現場の山奥で、ジェット燃料ではなく、ベンゼンが含まれる大量のガソリンが用いられ、航空機の構造物であるジュラルミンが融解してドロドロになって固まり、その中に硫黄成分を含むゴムのような粘着性の高い物質が含まれていた、という事実は、武器使用の可能性を最大に高めた結果となったのはまちがいないと考える。本来、ありもしないはずの物質があったということは、誰かがそれを持ちこんだ、ということになる。山頂で自衛隊へリコプターが物を上げ下げしていたという目撃情報、現場から近い陸上自衛隊相馬原の部隊も所有していたM２型改良型火炎放射器燃料、機体の融解、炭化遺体と一本の線がつながる。

一九八五年時、群馬県相馬原部隊は陸上自衛隊普通科（歩兵）で、第一二偵察隊と第一三普通科連隊情報小隊（松本）から現地確認のためと称し、計十二名が21：35に派遣された記録は残っている。

偵察して何が行われていたのか、それは生存者救助ではなかった、これだけは確かである。

遺体と機体の遺物が訴えていること

一六三頁の写真を見てほしい。これを見たとき、明らかに日航１２３便の遺体写真と似ている姿に衝撃が走った。これはベトナム戦争を告発した戦争法廷の記録に残されていたもので、はるか上空の航空機から落とされたナパーム弾という焼夷弾で焼かれた人たちの記録である。それがこの幼い子供とその隣に横たわる大人の全身炭化の

群馬県警察本部編『日航機墜落事故事件――身元確認100事例集』(1986.5)の表紙と、掲載された30歳代男性の炭化遺体。表紙には、日航機墜落事故事件とある。

写真である。

戦争経験者にはすぐわかるが、ナパーム弾とは焼夷弾の一種である。焼夷剤はヤシ油(パーム油)、脂肪酸アルミニウム、ナフテン酸アルミニウムとゲル状にしたガソリンでできている。航空機から投下されて目標物に付着すると爆発発火し、高温で燃焼して広範囲を焼き尽くすという武器である。これら焼夷剤の成分にも粘着性があり、衣服に張り付いて高温が発生するものだ。

ベトナム戦争で実際にナパーム弾を被弾した経験者の記述がある。

「(略)爆音と共に多量の火の粉を頭からかぶって、全身にわたって火が燃えだしました。頭の毛、それから着ていた衣類はたちどころに焼けて、罹災者は高熱に半狂乱

ナパーム弾の犠牲者（ベトナム、ドンホイ市、1965。日本アジア・アフリカ連帯委員会編『ベトナム黒書』労働旬報社、1966.10より）

となって、三、四メートルかけまわり、周囲の人びとが協力して、身体から出ている炎を消しとめました」（『ベトナム黒書』より）

「炸裂音とともにその罹災者は頭部から肩にかけて激しい熱を感じ、身体にまとっていた着衣が全部燃え上がった。（中略）皮膚がまだくすぶっていたという状況であります。着衣はほとんど燃えてしまった。着衣のおおっていない手だとか首であるとか、そういう場所の皮膚は焼けただれて皮がむけているところが非常にありました」（同）

つまり、粘着性のある成分が皮膚や衣類に張り付くことで高温が保たれ、長時間ずっと焼き尽くされるということになる。

私が、日弁連の会館にて弁護士の皆さんに日航１２３便の遺体写真をお見せしていた際、ふと戦争の写真集に掲載されていたナパーム弾で焼かれてしまった遺体写真に近い、ということに気付き、知り合いの研究者にもその話をした。

それがこの一六二頁の写真である。

群馬県警察本部が作成した『日航機墜落事故事件――身元確認100事例集』（一九八六年）の事例48で掲載されていたものだ。この二つの遺体写真の共通点は生身の肉体がなぜこのように炭となったのか、ということである。なんらかの異常な燃焼が墜落現場で起き、その燃焼が促進された結果こうなったのだろうということが容易に推定される。それは航空機燃料によるものではないということは前述のとおりである。

なお、この群馬県警察本部作成の資料集は、タイトルに「日航機墜落事故事件」とある。これは墜落原因が不明のため、事故か事件か未定であるという意味である。この資料での「完全体」とは、頭部が残存または頭部の一部を残存する死体、とされている。「離断体」とは、完全体以外の死体、である。どのようにして身元を確認したのかということで、面接、着衣、所持品、身体特徴、歯牙、指紋、その他と区分けされて遺体状況をまとめていることはすでに記した。これを見ても、警察や医師が大変な苦労をされて確認していった様子がわかる。

この事例集での遺体状況から推定すれば、おそらく、一度目はケロシンという航空機燃料によって通常の航空機火災が起きた。それから数時間が経ち、医師たちが「二度焼き」と書いた火災が起きた。しかし、今度は粘着性の物質を含む燃料にて長時間高温を保った状態で焼かれた。まぎれもなくこの遺体は、それを物語っている。

私たちは日航123便の乗客がなぜ戦場同様のこのような凄惨な姿にさせられたのかという意味を直視しなければならず、決して目をそらしてはいけないのだ。この事実を、なぜ五百二十人もの犠牲者が出た上に、さらに焼かれる必要性があったのか、という視点で見ていかなければ彼らは決して浮かばれず、「安らかにお眠りください」と言われても納得できないだろう。

一九八五年の日本は、戦時中でも突発的有事下でもなく、平時のごく平和な日々だったはずだ。ベトナム戦争時の写真と日航123便墜落時の遺体では、当然のことながら年代とそれぞれの国の置かれた状況が異なる。平和な日本の一九八五年八月十二日、まるでナパーム弾に焼かれたごとくの遺体が、なぜ群馬県上野村にならなければいけなかったのか。

一般人が手に入るはずもない武器燃料で焼かれた可能性をどう説明すればよいのだろうか。成分分析の結果とこれらの写真を見比べながら、私は心の底から湧き出てくる激しい怒りを覚えた。こういう実態を直視せずに、三十三年間もこれを放置し続けてきたことへの強い憤りと当時の関係者への怒り、そして人間性への失望である。何も知らなかった私たちは、この事実が捻じ曲げられて気付かなかったことで、結果的に隠し通してきた人間の思う壺になっていたことは否めない。

事故だとしても「二度も焼かれる」必然性はなく、乗客のみならず十五人の社員も焼かれた日航は、これをどう受け止めるのか。何もせずにこのまま見て見ぬふりをするのであれば、日航も加担したと言われても仕方があるまい。それほどまで生データの開示をしないのであれば、逆に生のボイスレコーダーに真相が記録されていることが明白となる。政府が隠蔽し、その指示であるからといって、いつまでも情報を開示できないことで大きな罪を背負っていることを自覚しなければならないのである。

日航123便が墜落したきっかけは過失であったかもしれないが、その後の対応で早急な救助ができたにもかかわらず、意図的にしなかったのは重大な不作為の犯罪である。さらにベンゼンと硫黄の含まれたタール系の燃料を使って現場を燃やしたとなれば、少なくとも死体損壊罪ともなる。もしも殺人事件であれば、時効は成立していない。

中曽根康弘氏が「官邸は関与していない、命じてない」と語っていたとしても、その責任は免れようもないが、防衛庁の当時の関係者と制服組が独断で実行したというのならば、当時命令を下した責任者も起訴しなければならない。運輸省が後から日本航空に圧力をかけて隠蔽に加担させ続けたのであれば、その事実を炙り出さなければならない。

さらに大きな問題が内在している。それは、平時に非合法な武器使用を安易に実行し、それを命じられた隊員がなぜ拒絶できなかったのか、という点である。ここも重点的に検証する必要性がある。これは自衛隊員自らの命と尊厳、そして良心を守るために大変重要なことにつながる。

犯罪の命令に服従しなければならないのか

平時において救助すべき人たちを救助せずに違法な命令を下した上官に対して、「己を殺して上官の命令に従う」ことを暗黙のうちに強制されれば、その組織が非合法な集団と化してしまうことになる。

もちろん、部下の命令違反や法を逸脱した行為は咎められるが、上官の違法な言動に対する場合については自衛隊法には書かれていない。

ある元自衛隊員と話をしたとき、正義とは到底思えない違法な命令があった場合、どこかに救済を求めてその内容を告発するすべがない、と語っていた。上官自ら率先したいじめもそうである。確かに自衛隊法の第57条「上官の命令に服従する義務」には「隊員は、その職務の遂行に当たっては、上官の職務上の命令に忠実に従わなければばならない」としか書かれていない。その上官の命令があきらかに犯罪だった場合はどうすればよいのだろうか。

ドイツでは、軍人法（Soldatengesetz）第11条「服従」において、「（1）兵士は上官に従わなければならない。兵士は最大限の力で、命令を完全に良心的に、かつ遅滞なく実行しなければならない。ただし、命令が人間の尊厳を侵し、勤務目的のために与えられたものでない場合は、それに従わなくても不服従とはならない。（2）命令は、それによって犯罪が行われるであろう場合には、兵士は命令に従ってはならない（後略）」とある。

このように犯罪を予見させることへの拒否は不服従とはならず、むしろそのような命令に従ってはいけない、と明記されている。犯罪の場合は従わないのは当たり前だと誰もが思ったとしても、実際にそれを実行することは不可能に近い状況であって、昨今のパワーハラスメントや日大アメフト部傷害問題(3)でも見られる通り、絶対的な権力を持つ監督や上官の命令には絶対服従を余儀なくされてしまう。

二〇〇九年に日本の行政監視委員会調査室が書いた論文では、自衛隊内での偏った教育内容の長年の放置を指摘し、隊内でのいじめ問題、自殺の多発、防衛装備品調達の不祥事や事件について言及している。そして我が国の文民統制（シビリアン・コントロール）は十分機能してきたと言えないと述べている。現在もその偏った教育の成果かどうかわからないが、自衛隊員による国会議員への罵倒事件(4)も起きた。しかしながら与党での反応は鈍く、国会でも十分な監視機能やチェックのシステムはドイツに比べてないに等しい。もちろん、ドイツの場合はナチス・ドイツの全体主義国家への反省から、ドイツ基本法にて防衛委員会や防衛監察委員制度にも明記された軍人の「制服を着た市民」としての基本権を保証することや、そのオンブズマン制度は憲法上の機関として位置付けられているなど、日本とはシステムが異なる。

しかし、自衛隊員には日本国憲法で保障された基本的人権があり、非合法な命令などの犯罪については当然従う必要はないが、命じた者についても刑法で裁かなければならない。しかしながらこれが十分機能せず、風通しの悪い職場環境であるならば、早急に改善していく必要性がある。さらにこれらの犯罪者がいれば、世間に野放しにしている状況に変わりはなく、早急に対応しなければ誤った方向に舵を切ることになりかねない。いかなる理由があろうとも人の道に外れ、武器を使用した者がいた、ということになれば、それを物語る証拠物の客観的な分析結果を「ありえない」と否定しても何の改善にもならない。万に一つも、「国のためだ」という勝手な理屈は通用せず、一九八五年の日本は戦争中ではないのだから、なんら言い訳は許されないことになる。

事故調査報告書が世に出た時から、その論拠となる生データを開示せよ、ということは遺族のみならず航空関係の組合やあらゆる関係者が要請してきた。過去何度も事故調査委員会、その後の運輸安全委員会に遺族が申し出ても、無視し続けてきたという事実は重い。日航側においては、乗員や遺族に対しても様々な理屈を述べてその生データを開示してこなかった。国会でも幾度かボイスレコーダーの内容が取り上げられたことがあり、乗員が証言したこともある。

すべてを突っぱねた理由がこれであれば、焼かれた人間の憤りは何処にぶつければよいのか、私たち一人ひとりがその思いを受け止めて、それを実行した人や命じた人を断じて許してはならないのである。

註

（1）ＩＣＰ-ＭＳ（誘導結合プラズマ質量分析計Inductively Coupled Plasma-Mass Spectrometer）——高感度な多元素分析を高いサンプルスループットで実現する元素分析装置。プラズマ（ＩＣＰ）をイオン源として使用し、発生したイオンを質量分析部（ＭＳ）で検出する。周期表上のほとんどすべての元素を同時に測定可能であり、測定元素についてサブng/L（ppt）の濃度レベルで測定でき、また、定性分析、半定量分析、定量分析を実行でき、質量分析であるため同位体比測定も可能である。

（２）ＧＣ-ＭＳ――ガスクロマトグラフィー（ＧＣ）は、クロマトグラフ法の一種に分類され、固定相に対する気体の吸着性あるいは分配係数の差異等を利用し、成分を分離する手法。ガスクロマトグラフィー質量分析法（ＧＣ-ＭＳ）は、ＧＣで分離した成分の検出に質量分析計を用いることで、質量情報から成分の定性及び定量を行うことが可能になる。

（３）日大アメフト部傷害問題とは、二〇一八年五月六日の関西学院大学と日本大学のアメリカンフットボールの定期試合の最中、日大側が極めて危険な反則のタックルを行ったことで、選手がけがを負った事件である。監督自らの指示であったという指摘もされており、試合中とはいえ、ルールを逸脱した悪質かつ大変危険な行為であり、完全に信頼関係を破綻させるもので刑事罰も考えるべきとの意見も多く、監督が謝罪・辞任して済む話ではなく、早急に調査を行い、事実関係を明らかにすべきである。

（４）国会議員への罵倒事件――二〇一八年四月十六日に発生した自衛隊員による国会議員への罵倒事件である。統合幕僚監部指揮通信システム部の三十代の三等空佐が、民進党の小西洋之参院議員と十六日夜に国会近くの路上で偶然遭遇した際に、「不適切な発言」を繰り返したことを認めた。小西氏によると三佐から「お前は国民の敵だ」と繰り返し罵倒された。河野克俊統合幕僚長が十七日、議員会館の小西氏の部屋を訪れて謝罪。小野寺五典防衛相は「適正に対処する」とコメントし、統幕による処分も検討するとされたが、結局、訓戒処分にとどまり、文民統制の危機という点からも生ぬるいとの声が上がっている。（毎日新聞記事などを参照）

第四章

証拠物と証言が訴えていることは何か

未来の在り方を考える

三国峠に至る
昇魂碑に至る

御巣鷹の稜線付近

過去最高の売上を記録したボーイング社

一九八五年、過去最高の売上を記録した航空機メーカーは「修理ミス」を犯したボーイング社であった。修理ミスをされた日航側もさることながら、自衛隊も全日空もみなボーイング社製品を購入しているのはなぜだろうか。

「今年6機落ち、死者一一〇〇人――ボーイング受注最高・二兆四九〇〇億円」

これは一九八五年十二月二十七日の日本経済新聞の見出しである。日航ジャンボ機墜落も含めて「ボーイング社にとって史上最悪の事故の当たり年であった」とまで書かれているが、民間航空機の大量受注に加えて特に防衛や宇宙関連部門が好調で「上げ潮」だとの記事である。さらに株の欄では、全日空のボーイング社767機の購入決定、日航株は事故を起こしたにもかかわらず、史上最高値を付けた、とある。きっかけは日航の政府株放出の思惑からというのがその理由だ。このように、経済の面から見ればボーイング社の修理ミスや日航123便墜落がまったく影響を受けておらず、むしろ政府の後ろ盾によって日航の株価も上がり、ボーイング社は過去最高の売上を記録している。これをどう説明すればよいのだろうか。単なる偶然か、あるいは政府間の思惑が一致した結果、必然的にこうなった、ということではないだろうか。

いずれにしても米国内はともかくもこの日本において、修理ミスを犯して五百二十人もの命を奪った会社の製品を、同じ年内に大量に購入する政府（防衛庁）や日本航空、全日空について合点がいかないのは遺族のみならず、誰もが思うことだ。運輸省指導の下で仕方がなかったとでもいうのだろうか。最高益を上げたというボーイング社、日航株の史上最高値の報道からは、異常な状況だとしか言いようがない。

さて一つ気になることを書いておきたい。一九八〇年代のパイロットは、航空大学校出身者か自衛隊出身者がほとんどで、日航１２３便の高浜雅己機長もすでに触れたように自衛隊出身だったが、私がインタビューをした元日航機長の信太正道氏も元零戦搭乗員で自衛隊出身者だった。信太氏は、民間パイロットと自衛隊パイロットの違いについて、「お客様第一」の意識か、戦闘目的か、パイロットはよほど意識をしなければならないと語っていた。定年退職後は元自衛官であるからこそ戦争反対を訴え、武器を持つ人間の愚かさや怖さについて講演もされていて、その精力的な活動は尊敬に値するものがあった。

その昔、日本航空には満州航空時代に航空業務に携わった人たちや、元自衛隊パイロットの再就職者が多数占めていた。日航123便墜落から一カ月後に自殺と報道された羽田整備工場メンテナンス・コントロール室調査役の日航職員（当時）も満州航空の出身者であった。ただこの自殺報道では、首や胸など数カ所を果物ナイフで刺して亡くなった、とあったため、これで自殺なのかというのが社内での大きな疑問であったと聞く。ある警察関係者は、「自分で数カ所も刺す前に通常は一回目で気絶するし、ましてや普通の人の自殺で首は自分で切らない」と思ったそうである。

さて、自衛隊操縦士の民間における活用制度を「割愛制度」という。なんだか不思議な言葉であるが、平成二十一年度から公務員再就職禁止により一時中止されていた制度が平成二十六年からあまり知られずに再開していた。この制度の趣旨は「自衛隊操縦士を民間航空業界等で有効活用することは、我が国民間航空業界の発展という観点からも意義がある」（防衛省広報平成二十六年三月十四日発表より抜粋）というものだ。実際には二〇一四（平成二十六）年度に五名の航空自衛隊操縦士が民間航空機会社などに再就職をして、同時に彼らは予備自衛官を志願しており、予備自衛官としての任用となっている。

官民の交流が促進される利点もあり、自衛隊員の再就職先確保と民間パイロット不足解消のために役立つ制度であるが、万が一、不測の事態となった場合、予備自衛官としての任務意識が民間航空機パイロットとしての自覚を上回ったとしたらどうであろうか。その可能性を否定する根拠は誰も持ち合わせていない。

または、横や縦の人間関係のつながりの中でなんらかの研究やデータ集め、さらに実験等で暗黙の了解があったとしたらどうなるだろうか。これもあり得ない、と否定することはできない。信太氏が最も懸念していたことがこの点であった。

私がインタビューをした山下徳夫運輸大臣（事故当時）も語っていたが、政治家がすべての事実を把握しているとは限らない。むしろ自衛隊増強を打ち出した中曽根首相（当時）ですら、日航機事故直後に防衛庁へシビリアン・コントロールを強化する目的で、防衛庁背広組の人数を増やしている。八月二十二日付の報道では、「文民統制を全うする手順、内容を考えて進めて行くことが大切だ」と語り、同日付で内局（背広組）機能強化の一環として、防衛審議官を三名に増員する、という発表をしている。報道各社は、なぜこの時期にと不思議そうな論調であったが、ここには重大な問題を含んでいると思われる。例えば、中曽根首相の意向が現場に歪んで伝わり、何をやっても大丈夫という意識がなんらかの不都合を隠蔽しやすい環境を作っていたとすれば、中曽根氏すら驚きであったのだろう。だからと言って、自衛隊の最高責任者は総理大臣なのであるから、不測の事態が生じたとしても責任はきっちり取らなければならないのは当然である。

そのような中、私たちがこの事件についてのすべての情報を公開してもらわなければいけない理由は、もし、都合の良いように事実が歪んで伝えられるよう、運輸省作成の公文書が書き換えられていたとすれば、炭化するほど焼かれた人にとってこれほどの無念はないからである。さらに「割愛」という言葉もそうだが、わかりにくい制度を大した議論も検証もせずに簡単に復活させることは、「利点ばかりではない」ということを政策担当者はもっと自覚すべきである。

次々に出てくる赤い物体の目撃情報

ファントム二機の目撃情報はその後も寄せられている。

さらに「赤い物体」についてだが、『小さな目は見た』という前著で取り上げた地元の上野村立上野小学校の文集や、『かんな川　5』という上野村立上野中学校の中学生が書いた文集について、当時の生徒だった方にもインタビューを行った。文集の内容にはとてもリアリティーがあり、その時の上野村の光景がよみがえってくる。

近所の人たちが「真っ赤な飛行機を見た」と記述した当時中学一年生だったY・K

さん（四十六歳）に高崎でお会いすることになった。父親が事故当時消防団で現場入りし、四名の生存者を救った。後からわかったのだが、偶然にもそのお父さんは二〇〇九年に私がインタビューをした方であった。

高崎駅前には商業施設や新しいホテルも立ち並ぶ。ここから上信電鉄で下仁田まで六十分も乗れば、山の中の静かな村があるとは思えないほどである。現在高崎市内の会社に勤務しており、ずいぶん前に上野村を出てから同級生にもあまり会う機会がないとのことだった。義理の兄は歯科医師であり、当時の検死活動にも参加されていたという。

当時のことを今も覚えていらっしゃいますかとお聞きしたところ、

「はい、覚えていますよ。七時ちょっと前、ちょっと過ぎくらいかな。普通は飛ばないところを、かなり低いところを飛んでいて。ヘリコプターがうちの上あたりを飛ぶようになって、なんでかなあと思っていたら、ニュースで消息を絶ったって。当時は上野村じゃなくて長野県側だと。うちは野栗沢というところで、現場から反対方向で距離は離れているんですけど。親父は翌朝五時ぐらいにおふくろにたたき起こされて、（自分が）朝起きたら父親がいないんで、どうしたって言ったら、消防団で行ったと。一日中テレビはその中継ばっかりになって。それを見ていたらうちの親父もテレビに映っているんですよ。墜落現場で子供を助けて担架で尾根まで上げて。テレビに映った途端に、親戚からうちにいっぱい電話がかかってきて」とのことであった。

父親は消防団として朝の五時ぐらいに出発して、生存者発見の午前十時頃には現場に到着したというのだから、五時間ほどで歩いて行ける距離であったということだ。もし、墜落直後の前の晩、長野県だ、という報道ではなく上野村だということであれば、すぐにその場に行けてもっと多くの生存者を発見できたことになる。以前お会いした時も「長野だって報道だったもんねえ」と悔しがっておられた。

子供としてとても印象深かったこととしては、「親父に、ものすごい臭いがついて、すぐお風呂にはいったけど、道なき道を行って煙が上がっているのを頼りに行ったと言っていました。夏だから喉が渇いたっていうんで途中で沢の水を飲みながら行ったら、その沢の先に死体が……、その話が一番ショッキングでした」

当時、同級生が三十人くらいしかいなかったので、五百二十人というとちょっと想像ができなかったという。その規模がすごいとわかるように、その印象が残るようにと作文を書いた記憶があると語った。

「自衛隊のヘリコプターも低空飛行で、(十二日の)夜七時ちょっと過ぎぐらいかな。八時半くらいには結構いましたね。自分の記憶では四、五機は回っていたような気がする。バタバタバタバタバタと音を立てて。自衛隊の車輛はバンバンバンバン。二十キロ近く離れたところに親戚のおじさんがいたんですけど、その人がニュースを聞いて、峠があるんですけど、車で野次馬で行ったら、なんかもう警察車輛がいて、峠の交通規制とかして、駐車をさせないとかで大変だったらしいですよ」

ご近所の方々が「真っ赤な飛行機を見た」と書かれていますが、とお聞きすると、

「うちのまわりは四軒がかたまっているんですけど。何か赤いものが飛んでいたと言っていました。後ろから火が出ているような感じだと。日本航空の飛行機じゃないものが飛んでいました。他にもドーンという音がしました。墜落の音が聞こえたのかなあと僕は思いました」

JALの飛行機じゃないのかと再度確認をしてみると、

「あの辺は飛行機なんか飛ばないんですよ。赤い飛行機は一機で、ジャンボジェットではない」

「墜落した二、三カ月後かなあ。親戚やら七、八人ぐらいで御巣鷹の尾根に行きましたね。全然まだ道ができていない頃に登ったんですよ。何時間もかけて。残骸は結構きれいになっていましたけど、ここが坂本九さんが亡くなったところかと思って、へリポートも行きましたよ。木が倒れていて、現場は地面も焦げて、真っ黒でした。自

分は拾っていませんが、機体の一部みたいなものを拾った人もいました。ヘリポートに捨ててあった破片を誰かが拾ってきました」

あの時は学校のプールは遺体の洗い場と化して使えなくなり、部活もなくなって、学校の体育館では幽霊が出るとかの噂話もあったそうだ。

「親父の話では、山で幽霊が出るようなところを掘り返したら、赤ちゃんの遺体が出てきたとか、胴体が切れていたとか、死体がゴロゴロ転がっていたとか、そういう話を思い浮かべると、中学生だった私は気持ち悪くなったりしました」

子供たちが様々なことを見聞きした様子が手に取るようにわかった。それにしても、やはり後ろから炎のようなものが出ているように見える「赤い飛行機」が飛んでいたのだ。そして墜落現場の地面も焦げて真っ黒だったという。このように、いつまで経っても衝撃的な記憶は鮮明なのである。

実はこのインタビューの後、思いもかけないことが起きた。その日たまたま群馬県警察医会の会合があり、出席されていた大國勉氏と再会した際、一緒に来ておられたのがこのY・Kさんの義兄の歯科医師で、偶然にお会いする機会に恵まれたのだ。私のインタビューはこのように、いつもなぜか人間関係の信頼でつながっていく。これも上野村村長にお会いした際、ご著書に「積陰徳」と手書きで書いていただいて以来、そのように常日頃心がけていたからかもしれないと勝手に思っている。

お話しする中で、大國氏がいかに警察医の先駆者であって、数々の実績を持って警察に協力してきた凄い方かということがいまさらながらにわかった。

さて「赤い飛行機」を目撃した一家がまだそこに住んでいらっしゃるということなので、上野村に移動してその女性にインタビューをすることにした。

上野村は標高五百十一メートル、周辺は三国連山などの一、二千メートル級の山々が連なり、総面積百八十一・八六平方キロのうち九割が山を占める典型的山村と言える。その女性の住まいは、Y・Kさんの出身地と同じ野栗沢地区で御巣鷹の尾根から見れば埼玉県に近いほうに位置する。右手に神流川を見ながらズンズン山道を車で走っていくと、すりばち荘という民宿が見えてくる。その民宿を経た先には野栗食品という古びた昔ながらの食品屋さんがあり、橋が見えてくる。その道中には竜神の滝という、ちょっと小ぶりながらも野性味を感じさせる滝があって、三年前にも学友たちとそこに行った記憶がよみがえってきた。そこからさらに山の麓近くに入り込んだ集落にお訪ねした。

家々が急な坂道に寄り添いながら建っている。その向こう側には山の尾根が迫り、空がぐんと近づいてくる。現在八十二歳というが、そう思えないほどすっとした姿勢で割烹着姿の似合うお母さん、という感じの女性Sさんが笑顔で迎えてくださった。

「ええ、お父さんとね。私の娘が二人、当時は娘が二十歳と二十一歳で大きかったですよ。ちょうどね、十二日の夕方、お盆の前だから少し足りないものがあるから、買い物に行ってきてくれるって頼んでさ、そしたらお父さんが娘と二人で下のお店、野栗商店まで行ってくれて、その帰りに見たって」

何が見えたのか、どのようなものが見えたとおっしゃっていましたかと尋ねると、

「真っ赤、っていうよりオレンジっぽかったんじゃないかね。尾を引いているって。時間はねえ、夕方の十八時過ぎで暗くなる頃だったかなあ、まだ薄暗い時でしたよ。飛行機が低空だったから光が見えたんじゃないかね。野栗まで買い物に行って滝の坂っていうところを登りながらさ、あの飛行機おかしいねって。UFOかねえ。あの頃UFO流行っていたんですよ。後ろに火が見えるように、尾を引いていたんですよ。お父ちゃんに子供たち（娘）が、あれは長野か群馬の境かもしれないって。そのうち村で、何か見た人は連絡ください、という放送があって。やっぱり電話してやろうかなって。ずいぶん、上野村でもそういう人いたようですよ」

と語ってくれた。赤というよりもオレンジ色、さらに後ろに尾を引くように見えた、とのことであった。

「子供たちが文集を書いていたっていうのは見ました。子供っていうんは本当に正直に書くから」とのことだった。村内放送のことは他の人も聞いており、飛行機の墜落についてはすぐ知るところとなった。その機敏な対応について、

「あの村長さん（黒澤丈夫氏）ですから、これだけのことができたんですよ。一声でみんなを集めるチームワークが良いから。字もお綺麗で、立派な人でしたよ」

やはり黒澤村長は村の皆さんの尊敬に値する方であったのだと今更ながら思った。それにしてもＵＦＯのように見えた不思議なもので、オレンジ色で後ろに尾を引く飛行物体については他の皆さんも同じように見たそうで、すぐに村役場に連絡をしていた。ＵＦＯなんか飛ぶかなあと長年疑問に思っていたとのことである。すでに嫁いだ娘たちにも言っておきます、とのことでお茶もご馳走になりながらお話をすることができた。

こうした目撃情報は複数あり、いくらでも出て来るのである。それを否定する根拠は誰にもない。もし否定する人がいれば、その人たちがどこに属してどういう人なのかを私たちはきちんと見極めていかなければならない。たとえば発信元が霞が関や市ヶ谷界隈であればなおさらだ。今後、否定する人たちの責任の所在を明らかにする必要性がある。

さて、次に『死体からのメッセージ』を著された押田茂實氏が撮影したビデオについても、群馬県警から驚くべき連絡がきたので記録として書いておく。

検死現場のビデオ——所有者へ返却できない理由

DNA型鑑定第一人者として法医学の世界で五十年間、様々な冤罪事件や未解決事件に科学的分析の立場から真相を求め続けてきた押田茂實氏は、常に研究分野について熱く語ってくださる。今回も神楽坂の美味しい和菓子とお茶を用意して快く応じてくださり、群馬県藤岡市民体育館の遺体安置所での検死風景や身元確認状況を撮影したビデオについて、その後どうなったのかをお聞きした。まず、あの当時、任意提出したビデオのことで、どれぐらいのテープが返ってきていないのでしょうかと尋ねると、

「原テープの8ミリが三巻、これは全く編集していない、一週間分が全部そのまま入っています。それから、マスターテープ一巻、これはベータなんですが、私が作ったもので編集したものですね。講義で使っていいようなのはこのベータなんですよ。要するに法医学の先生が身元確認作業の応援に来てくれて、忙しくて写真も撮れないから、講義に使えるように編集したコピーを大学の法医学教室にさしあげて、あと群馬

県警本部刑事部刑事調査官や警察庁へ配布されたものもあります。全部を返してほしいと群馬県警本部長宛てに平成二十九年五月二十二日付で手紙を送ってね。しばらくして返事がきて、群馬からこの三名の警察官が神楽坂事務所に来ましたよ」

手元にある名刺を見せてもらったところ、同年八月二十三日の日付とともに、群馬県警察本部の刑事部捜査第一課の検視官室長の警視T・Y氏、警部のT・U氏、刑事部刑事企画課のD・I氏の三名で来た、と書いてあった。押田氏は当時の内閣総理大臣中曽根康弘と書かれた感謝状を見せながら日本法医学会代表として首相官邸に行った話をした。事務所にやって来た警察官たちと一時間二十分ほど話をして、最後にビデオの件を言ったところ、相手から出た言葉が、

「ビデオは、はい、ありますと。8ミリ三本とベータ七本ですね。見ました。あまりに凄すぎて、お返しできない、って」

お返しできないという発言に、先生も驚いたそうだ。これはお会いする前にその旨電話で聞いた言葉だったが、電話口で私は「えー！　凄すぎて返せないって言い訳にもならないですよね」と叫んでしまったのを思い出す。

それは三十三年も経って刑事事件の資料でもない上に、所有者が明確にわかり、学術的に大学で使用する目的で撮影したものである。任意提出であるにもかかわらず、

何の権限があって返さないと言えるのかと呆れてしまった。それはまるで「警察に自分の財布を預けてくれと言われて預けておき、あとで返却してくれといったら、財布の中身がお金でいっぱいで凄すぎて返せない」に等しい強弁である。いつから日本の警察は勝手に他人のものを没収できるようになったのか、これは明らかに業務上横領罪であって、他の警察官を呼んできて、三人を逮捕してもらわなければならない事件である。そこで押田氏は、

「私は刑事事件をやっているのだから、その旨をきちんと文書で回答願いたい、と言ったら、そのまま帰った。後から電話がかかってきて、電話番号は警察本部で、U氏が『返却は不可です、書類回答もできない』と言ったんですよ。二回電話があって、今度は刑事部理事官のSですと。それは警察の最終結論ですか、書類でいただけませんか、というと、そういうことはできませんと」

書類で書けない、ということはよほどやましいことだと自分たちで認識した上で、さらに証拠を残さず、自己責任にされたくない、という逃げの姿勢が見て取れる。どのように考えてもこれはおかしい、ということで裁判を通じて返却を要請することにしたほうがよいと話をした。このビデオはあくまでも学術目的の資料であって、所有者に返すのが当然であろう。どの弁護士に聞いても当然ながら横暴も甚だしいと語っ

た。

一つの成果としては、ビデオは警察内の倉庫に保存されていたことと、破棄されずに存在していた、ということだ。これは前著『墜落の新事実』（第三章）の中で確認して提示したように、警察内部資料の「日航機墜落事故特捜本部関係書類の保管状況」に記録されていた通りだったということになる。さらに、そのビデオを見たら警察官がその内容を凄すぎる、と思った、ということはきちんと見られる状態で良好な保管がされていたのだ。そして、凄すぎる内容とは、おそらく真っ黒になった遺体の炭化状態がはっきりと映っていることであろうが、それ以外にも河村県警本部長が運輸省の役人に最敬礼をして「私がこの担当となって誉れであります」等々のふるまいや言動が映っているからではないかとも語っておられた。念のため、このビデオ事件の顚末を覚書として時系列に沿って書いておく。

二〇一七年五月二十二日　押田茂實氏が群馬県警察本部長「山本和毅」殿あてに手紙を出す。
内容は日航１２３便遺体安置所の学術用ビデオ返却の依頼。

五月二十四日　午前中　捜査一課長補佐、U氏より電話あり。今後の窓口となるとの説明。若干の時間的猶予をくださいとのこと。

八月十日　電話があり、折り返し午前十時〇八分にコールバック。「八月二十三日（水）の午後一時に神楽坂法医学研究所に訪問予定」との連絡。

八月二十三日　午後一時　群馬県警察本部より三名が押田氏の事務所に訪問してきた。警察は「お返しできない」と主張。押田氏の「文書で回答願いたい」について、警察は「…はい」と答えて帰った。

十一月一日　電話連絡十四時二十一～二十六分　県警より「返却不可。書類回答できない」との返答。

十二月四日　十六時四十分　電話にて刑事部理事官Sと名乗る人物から、「例のビデオは返却できません」との返答。押田氏の「警察の最終結論ですか？　書類でいただけま

せんか」という問いに対して、
「そういうことはできません。では……」と電話を切られる。

いずれにしても、後世の専門家に残すべき貴重な資料を、警察自ら自分たちの行動の違法性を認識しておきながら返さない、ということであれば法的手段で返却してもらうしかないのである。このSという人物を業務上横領で告訴するか、記者会見でも開いてこの問題を世に問うことを押田氏と語り合った。

未来に何を残し、何を守りたいのか

今回も刑法的なアプローチで事実だけを積み上げ、分析技術や化学者の力を借りて、未公開資料を紐解いて遺体を中心にしてまとめたが、そこには私自身が「信じられない」と叫びたくなるような結果が待っていた。執筆中に何度となく胸が締め付けられ、息をのみ、写真から目をそむけたくなった。これが実際にあったことであると考えれば考えるほど、人としての尊厳を傷つけられたような深い絶望感を味わった。
どのように考えてもおかしいと思うことを指摘しないで放置してきた結果が今日の

在り様であれば、その陰で誰かが犠牲となってもかまわないという心理が働いていることになる。

その原因の一つは、責任の所在が見えなくなる仕組みである。そのように質が悪い組織が増長すればするほど、世の中は劣化していく。日々、その劣化した組織の中でしか生きられない人間が増えてきているように思われる。

事実は事実として明確に伝えておかなければ、未来に対して不誠実であり、その結果、何の教訓も残らず、同じ失敗の繰り返しとなる。

そこで、今回の調査結果をまとめておきたい。

一般人の目撃情報に共通する点は、やはり「オレンジ色の飛行物体」である。これは日航機の色の中には含まれていない色であり、その大きさもジャンボジェット機ほどではなく、四〜五メートルで、超低空飛行で目に留まるほどの速さとなる。さらに、後ろに炎か?と思われるほどのなにか尾を引くような感じに見えたという。時間的には墜落前であって十八時過ぎのまだ薄暗い時間帯であった。前著の静岡県藤枝市での赤い物体の目撃情報が十八時半頃であった。上野村での時間は明確ではないが、まだ薄暗く見える時、ということでその後に墜落したとすれば、十八時四十分から墜落前の五十五分前後となる。

これが何か、ということを断定するには明らかに証拠写真でも出てこない限り、いつまでたってもこの赤い物体を飛ばした人たちは認めないだろう。しかしながら、目撃者は複数いる。私は本著を読んだ一般の市民たちがその根拠となるものをともに考えてほしいと思っている。さらに、研究者や専門家は、それぞれが持つ専門的知識を活用し、それをお互いを否定することに活用するのではなく、真相にたどり着くためにに活用してともに考えていきたい。

次に今回の遺物における化学的分析結果を記しておく。

まず、ジェット燃料のケロシンには含まれないベンゼンが、御巣鷹の尾根の遺物から検出されたという事実は重く受け止めなければならない。さらにジェット燃料の生成過程で除去する硫黄も大量に検出された。この二つを含むものはケロシンではなく、ガソリン、重油といったものである。

ここからわかることは、日航１２３便に使用されたＪＡ８１１９号機の機体が高温で融解して塊となった物質から、ベンゼン、硫黄、そしてなぜかクロロフォルムが検出された、という事実である。

今回は二つのサンプル結果を提示したが、黒澤丈夫村長が残した他の証拠物も、慰霊の園にある「開かずの扉」の向こう側に閉じ込めた遺体も真相解明の出番を待っている。その身元不明として荼毘に付された遺骨は、五百二十人の誰かの手であり足であり、肉体の一部なのだ。炭化した骨粉や高温融解した機体はその存在をもって後世のために活かしてほしいと、化学的成分分析を通じて訴えているのである。それは次々と証拠品として語り始めるであろう。これらの情報のすべてを共有し、あらゆるネットワークを以て解明していくことで真実に近づき、それを否定する人たちを特定していくことで、責任の所在が見えてくる。

そして日本航空がやらなければならない役割は大きい。

日本には国際民間航空条約（シカゴ条約）とは別に警察庁との覚書があるのだから（巻末の参考文献参照）、生のデータを開示できないという法的根拠は一切なくいつでも開示できる。運輸省事故調査委員会から既に戻された生データの開示は、企業の在り様としての倫理規程である最も重大なコンプライアンスに係る問題である。プライバシーの侵害等を隠れ蓑として開示を拒むことは倫理規程違反となる。自分たちの仲間も含めて五百二十人の命が圧力隔壁の修理ミス以外の原因で犠牲となった可能性が否定できない今こそ情報を国民に提示すべきであり、それが倒産の際に巨額の税金をつぎ込んで、借金も棒引きにしてもらって、ようやく再建させてもらった国民への恩返しであろう。恩返しせずに恩恵を受けっぱなしでは、再び倒産に見舞われる可能性は否定できず、そのような組織は国民から見放されても仕方があるまい。偽りの土台の上にある組織や、偽りで結ばれている人間関係は、あっという間に崩壊するのである。

他にも重大な問題がいくつかある。

二〇二〇年の東京五輪・パラリンピックに向けて国際線の枠を増やす目的で東京都心上空を通過する羽田空港新ルートが導入されることが決定している。しかしこの空域に、横田空域がはいっていることを多くの人たちは知っているだろうか。横田空域とは東京から静岡、新潟も含めて一都八県にまたがる空域で、高度約二千四百から七千メートルの階段状となっている。域内にある厚木、入間といった基地の離着陸の米軍機、自衛隊機の管制を米軍が行っている。今現在、民間機が飛行計画を提出した上で通過できるが、定期便での航空路として横田空域に入ることはなかった。新ルートでは、最も事故が多発する「魔の十一分（クリティカル・イレブン・ミニッツ）」の離陸後三分、着陸前八分に横田空域に入る。

着陸間際のパイロットに最も集中力が必要なこの時間帯に羽田の管制から横田管制へ、そしてまた羽田へと切り替わる。もし、管制官として公務中の米軍人がミスを犯し、事故を起こした場合、日米地位協定では第一次裁判権が米軍側にあるため、日本が調査をしたくても、運輸安全委員会は米軍の許可が必要なのだ。

昨年も米軍の絡む事故が多発し、地位協定によって調査が妨げられることがわかっているにもかかわらず、いまだに外務省日米地位協定室は「合衆国軍の航空機施設または人員を含まない航空機の事故については、在日米軍は責任を負わない」という条文が有効だと語っている。米軍は責任を取らず、さらに「空域返還」の交渉すら棚上げしている。これらを外務省は黙認していることになる。

日米地位協定は一九五二年に結ばれた行政協定であり、十分審議されずに一九六〇年に国会で強行採決されたという経緯がある。航空機関連で特に問題なのは、提供施設や区域外での軍事訓練、演習についての定めがなく、上空には広大な訓練空域が設定されており、さらに訓練空域外でも米軍は独自に国内八カ所の低空飛行訓練ルートを設定していることを私たちは知らなければならないのである。

今、問題のオスプレイもそうだが、米軍機の低空飛行訓練では、過去においてダムへの墜落、ケーブル切断等の事故が起きている。二〇〇四年八月の沖縄国際大学への米軍ヘリコプター墜落事故の際は、沖縄県警も現場に近づけず、米軍が周囲を封鎖してしまったが、米軍基地外で発生したにもかかわらず、日本側による事故調査が十分に行われなかったといえる。これでは今後、羽田の首都上空通過や横田空域通過において、なんらかの事態が生じた場合、行政警察権、司法警察権の迅速で適正な行使ができると言えようか。

これらの重大な決定も日米合同委員会組織だけで決められている。日本側代表は外務省北米局長、米側代表は在日米軍司令部副司令官、組織図を見ればそこに日本側五名、米側六名の代表代理を加え、合計十三名となっている。その下に委員会が二十五ほど連なる。いずれも政治家は入らず、省庁の代表者と米軍との会議での決定となる内容は、本当に国民の方を向いているのかとあきれるほど米軍のいいなりとしか思えない。日本側があくまで一名（票）少ないのだ。

さらに今、リアルタイムで起きている世界情勢を鑑みるに、隣国の脅威を煽る必要性もなく、新たな「敵国」を作り出すのでもなく、安全で争いの無い平和な世の中は誰もが願っている。

世界中に軍隊を派遣するよりも国際的に価値のある行動や災害の救助活動による感謝の念を持たれるほうが、私たちも心地よく生きていける。そんな世界を作る努力とともに、人を殺す軍備ではなく人を救う救助にシフトしていくほうが、自衛隊の先駆的姿として世界的にも誇りとなる。誰も戦場に行ってほしいと願うものはいないのである。もしそれを言う人間がいたとしたら、その裏には利己的で利得を優先させる邪悪な心が潜んでいる。私たちはそれも見抜かなければいけないのである。

このような事実とも向き合っていかなければ、いつまでも「なすべきことをなさない、検証しない、都合の悪いことは隠蔽する、公文書を軽んじて改ざんする、嘘をついても言い逃れる」といった世の中が続き、その結果、真面目に生きるのが馬鹿らしくなり、思考停止状態が起き、武力を重んじて力でねじ伏せる風潮が広がり、無責任な戦争の渦に巻き込まれていく。

それを食い止めるためにもこの「事件」の真相は明らかにしなければならないのである。

「真実を明らかにしたい」、「あの世に行った時にお父さんに報告ができない」、「子供たちに面目がない」という遺族の気持ちを大切にしながら、ここまでたどり着くまでに、本当に長い時間を要した。三十三年間も待っていた遺族にとっては、いつまでも辛く長い道のりだった。

たとえ隠蔽者側が一切の情報を出さずとも、罪人本人の意識は永遠にその心の中に大きな黒い塊となって残り続ける。万が一、安らぎを求めるのであれば、その時はすべてを話して懺悔の心を持った時である。

注意すべき点は、この問題は憲法改正や自衛隊を取り巻く様々な論点や、右や左といったイデオロギーの問題でもなければ、美しい国ニッポンというベールで被い、過去のことだからと隠蔽を許すような話でもない。淡々と刑法犯として裁かれるべき問題である。

なぜそれができなかったのか。事実を解明すれば激震が走り、日本の防衛が揺らぐとでも思っていたのだろうか。私は関係者の単なる保身にすぎないと思っている。

その意味においても、目撃情報、事実関係の確認、証拠物の分析と刑法的アプローチで書きすすめた意義は大きい。

最後に、沈黙は悪を助長させ、黙っていることでゆがめられる未来があることを、私たちはいい加減に認識しなければならない。救助を優先せずに現場を武器で焼いた人たちが実際にいたとすると、これを曖昧にしたままでは、未来の危険性が増すのである。

あとがき
心の叫びとともに

御巣鷹の聖観世音菩薩像

真実が干し草の中に落ちた小さな針だとすれば、それを隠そうとする山のような干し草が立ちはだかる。干し草は、その一本の針を隠すために次々と積み足されていく。そして真実から一般の人々の目をそらせる役割をしてきた。

こんなことわざがある。

It is like looking for a needle in a haystack.

――干し草の山の中から針を探し出そうとするようなものだ――。

ずいぶんと長い年月をかけてようやく針が見えてきたように思う。

死者たちと関わりのある多くの方々からの励ましがなければ続けられなかっただろう。

思い返せば、先輩たちとの出会いは三十六年も前のこと。

墜落したのが三十三年前、大きな疑問を持つきっかけとなったのは十五年前。

それ以来、時に応じて情報を共有する研究者たちがいるのは心強かった。

日々新たな事件が起きる中で、この日航１２３便については長年色あせることなく、人びとの記憶に残り続けている。それほどまでに衝撃的な事件であった。

前著『墜落の新事実』が世に出た直後から、出版社には全国の読者より、感謝の念と励ましのお手紙が届いた。河出書房新社の社長宛てにも、ご遺族や一般読者から、敬意と感謝の言葉が寄せられたことは私にとっても大変な驚きであり、大きな喜びであった。

皆様からの温かいお心に、心から感謝申し上げる。

三十三年前とはいえ、今も目に残るあの日のニュースや数々の疑問、自分の教え子が乗務員であったという元校長先生や、知人が遭遇したから忘れられないという想い出話を添えて、この世の中だからこそよく書いてくれたとの激励も多数頂戴した。拙著を通じた新たな出会いと励ましは、次回作を書かなければならないという動機と強い信念を持つことにつながったのである。そして執筆する決意を新たにした。

その一方では、「陰謀説だ」、「理解しがたい」、「国民を守る自衛隊がこんなことするはずがない」と過剰に反応する人もいた。「はずがない」という言葉には根拠はないのである。

また、前著の目撃情報提供者に対して簡単に「目撃者に会わせてほしい」と言う記者もいたが、それは情報源を守るというジャーナリスト精神を自ら放棄していることになることすらわかっていない人だ。当時のボーイング社の社長や元NTSB（米国の国家運輸安全委員会）の話も聞いたということだったが、それで何が新たに出てくるというのだろうか。なお、その人からのメールには「私も含めみな権力や組織に弱い人間なので……」という言い訳のような答えが返ってきたが、そもそも権力に弱い人間がジャーナリストなどになるべきではないのである。

真実を明らかにしようとすることに対して、必ず横やりや批判の片棒を担ぐ人が出てくる。元日航パイロットで私の前著と同じような表紙で火消し役の便乗本を出版した人もいたそうだが、これについてはあるご遺族から次のような手紙がきた。

「目撃証言者を貶める内容の誹謗中傷本である。青山氏の客観的目撃証言を非科学的と言い、妄想と決めつけることに怒りを覚える。事故調査報告書と異なる見解を潰してかかるのはもういい加減に止めさせなければならない。一緒に頑張りましょう」

大変ありがたく心強いお手紙であった。

おそらく、こういった人たちは何らかの意図をもって仕掛けてくるのだろうが、高齢になってまでも、自分の人生を他人に飼い慣らされて生きていくのだろうか。

その精神には独立も自尊心もなく、なんらこの事件を語る資格などない。

いずれにしても、過剰に反応する人たちは、何かが明らかになると自分に不都合が生じるからであり、通常の考え方を持つ普通の人間はそこまで意地になって否定しない。

あの日、極度の緊張状態の中、乗客と運命を共にした乗務員たちは、極めて冷静にふるまった。そして自分たちの仕事を全うすることだけを考えてきた。

その五百二十人に炎を向けた人間がいるならば、その仕事に誇りが持てるのか。非合法な命令で部下にその実行を強いた人がいるならば、その命令のどこに正当性があるのか。

全国から休暇返上で集められて懸命な救助活動をした自衛隊員やボランティアの医師たち、地元の警察官や消防団員の言葉を重んじることなく、住民の声を無視し続けた中央の国家公務員や、見て見ぬふりをしてきたメディアは、その仕事が自分の子孫に誇れるものなのか。

二〇一二年一月二十二日の黒澤丈夫元上野村村長の葬儀に参列した時、この事故時の総理大臣で選挙地盤にこの地を含むにもかかわらず、いまだ御存命の中曽根康弘氏から献花も弔電も一切なかったのがとても不自然であった。きっと会わせる顔がなかったのだろうと参列者の皆さんと話をしたのを思い出す。何ぶん、戦時中の実績も桁外れに違うこともあろうが、最も大変な事故発生時に現場ですべてを取りまとめたのは黒澤丈夫氏であった。

その時弔辞を読まれたのは、やはり選挙区を同じくする福田康夫元首相であったが、父上の福田赳夫氏は現在の総理大臣である安倍夫妻のお仲人でもある。日航の件では、福田氏の家で「長い時間、父と村長が語り合っていた姿が目に浮かぶ」と語っておられた。日航123便墜落時の外務大臣は安倍晋太郎氏でその数年後に早すぎた死を迎えるのだが、息子の安倍晋三氏が憲法改正を目指すのであれば、まずその前に父の無念であったこの事件を詳細に調査して、一切の情報を開示すべきである。官僚との同床異夢による嘘のつき合いや、不都合な人たちに担がれているとすれば、単なる無知の勢いにすぎまい。

責任を取ると言いつつ取らない人の主張はその結果、不幸を招く。煽動者の思惑に乗っかってしまうと、一般の自衛隊員が専守防衛を超えて戦場へ赴くことになることをきっちり認識しておかなければならない。その先には何が待っているのか、自分たちの首を絞めることになりかねないのである。

なお、ご遺族もこれ以上、待つことを止め、今後次々と訴訟の場で情報を開示していくこと以外に道はないと悟った方々もいる。その訴えに対して、司法は決してゆがまず、圧力に屈服せず、妥協せず、事実を受け止めて審議をしてほしいと心から願う。私たちにできることはその応援や支援であって、それを妨げる行為や言動はもはや許されない。特に関係する省庁や内閣府は裏で隠蔽を推し進めるのでなく、五百二十という命の重さとこの理不尽さに本気で向き合い、事件の解明に本気で取り組まなければならない。

無責任な火消しで未来は良くならない。

それにしても一体、人間というものは何処まで愚かで、恐ろしい存在なのだろうか。それも集団となった時、個人個人の罪の意識が消えるものなのだろうか。

今こそなすべきことは、日航１２３便墜落の情報公開である。

最後に、この本で示した証拠写真及びデータについては、すべて善意ある関係者からの真相究明のための提供によるものである。万が一、その気持ちを踏みにじり、非難するコメントや、万が一、ご遺体への尊厳を損なう発言があればただちに法的な手段にて対応することを明言しておく。

そう思いながら、ふと五月晴れの透けるような青い空を見上げると、真っ白な飛行機雲が目に飛び込んできた。

頭上に広がるスッキリとした一直線はくるくるとジェット気流を巻き起こしながら一筆書きのようにさっと流れていく。

その時「あの子の命はひこうき雲」というフレーズが浮かんだ。

きっと「ひこうき雲」の歌が好きだった白拍子由美子さんからのメッセージに違いない。

R3担当だった彼女は本当に一途であった。

夢を追いかけて、空を駈けていった享年二十五歳の若すぎた人生……。

憧れの仕事についたその先に見えたのが何だったのか。

真っ黒く焼かれてしまう前の、ちょっとはにかんだ可憐な面立ちを思い浮かべてみた。

そして空に語りかけた。相模湾に沈んだ残骸を引き上げる日が来るまで、真実が明らかになる日まで見守っていてね、と。

本著の出版に際して、河出書房新社の皆様と西口徹氏、編集サポートの箕口佳奈さんに感謝を申し上げる。支援して下さっている全国の弁護士の皆様、ご遺族の皆様に心からお礼を申し上げるとともに、遺留物の化学分析に応じて下さった大学の研究者、技術者の皆様にも感謝の意を表したい。一緒に御巣鷹整備登山を行った「上野村御巣鷹メモリアル芸術祭」を考える会の皆様と近い将来かならず芸術祭を開催して世界に向けて航空の真なる安全を発信したい。最後に学友の皆様、特にいつも話を聞いてくれたMs. Etona Oritoに本著を捧げる。

二〇一八年六月一日

青山透子

文庫版　おわりに

日航123便における遺体の状況は、通常の飛行機事故とは比較にならないほど想像を絶するものであった。当該墜落機の機体の一部は融解しており、溶けてドロドロの黒い機体に付着した物質の中から、大量のベンゼンや硫黄、さらに搭載品にもないクロロフォルムが検出されたことには背筋が凍る思いがした。

それにもかかわらず、臭いものに蓋をするがごとくの世間の風潮や無関心は、重大な墜落原因の追究を妨げた。この日航123便に無関係の人間であっても傍観者であってはならないし、無関心でいることは許されることではない。

ベンゼンや硫黄、クロロフォルムを含む武器の燃料が機体残骸から検出されたことを考えると、墜落現場の上野村の山中でそれらの物質を含むものをバラまいた実行犯がいるという事実が浮上する。その人間たちは、いまだに罪を償わずに逃げている。何等かの命令があったとしても、重い十字架を背負った罪が消えることはない。また、私たちは彼らの懺悔の機会を奪ってはならない。521人（胎児も含む）の殺人事件として、あってはならないことだからだ。それどころか真の墜落原因を知りつつ、空の安全などときれいごとを並べている日本航空は、航空会社としての姿勢も問われる異常な状況である。少なくとも、情報が行き届いていなかった当時は、私のような一般社員たちは真相を知る由もなかった。しかし、赤坂祐二社長ら幹部たちは、裁判が開始されてから、社内で生のボイスレコーダーを聞くことが可能である。それを聞いて確認をしたうえで、うそぶいているとしたら、これもまた罪深い人間たちと言える。

元社員だった私が事件を調査していることについて、日本航空が自身の罪や責任を逃れるための行為だと批判する人たちがいる。しかし、その批判がまったく的外れであることは、本書で当該機を操縦していた高浜雅己機長の関与を含めて検討していることに示されている。高浜機長は、高卒後、家族とは音信不通になり、家出同然で自衛隊に入隊した。そこで税金を使い操縦士免許を取得し、生活の糧を得た。したがって、古巣からの依頼で武器開発のための試運転に関与していた可能性は十分にある。古巣の要請は断り切れないだろう。もし秘密裏に協力費として金銭も絡んでいたとしたら、国のための奉仕とすらいえない。当時の高木養根日航社長は知らなかったとしても、高浜機長の関与は会社ぐるみではなく個人であったとしても、この問題をうやむやにしてはならない。もし日本航空が深い懺悔の気持ちを表すとしたら、社内にあるボイスレコーダーを開示することしかない。

しかし、三十八年という月日を経ても日本航空は開示を拒否し続けている。ボイスレコーダーの情報開示を求めた裁判でも、日航側は乏しい証拠資料を提出するだけに止まり、異常外力の着力点については無視した上で、情報を開示しないと主張した。なぜ墜落原因が後部圧力隔壁説だと主張しながら、その正当性を証明できるはずの元データを公開しないのだろう。主張と食い違い、かたくなに拒む理由がわからない。

裁判への道のりは険しかったが、墜落原因に疑問を持ち続けてきた吉備素子さん、乗客の遺族の力になりたいという佐々木祐副操縦士の姉の市原和子さんの想いが合致し、これらを理解していただける人とのつながりによって情報開示の弁護団が出来上がった。こうしてようやく訴訟に踏み切ることが出来た。しかしそこに様々な妨害が法廷内外で繰り広げられた。

吉備素子さん側の膨大な量の証拠の書類に対し、たった数枚の新聞記事しか出さないばかりか、主張の根拠となる和解書も出さない日航側を勝たせたのは、東京地裁の加本牧子裁判長である。その判決は、「遺族は和解したからそれで終わりである」、「日航は単なる民間企業だから事故調査にこれ以上協力する必要もない」、「事故調査報告書の書面で十分であるから情報は公開しなくていい」というものだった。これは明らかに不当判決である。

途中、市原和子さんが訴えを取り下げた事件では、裁判開始直後に親族の手配で入居した元日航客室乗務員が事務局長を務める熊本市内の老人ホームが舞台となった。そこに入居したとたん、代理人弁護士の電話も取り次がず、個人宛の手紙も届かなくなった。この事務局長はその都度勝手な理由ばかりを述べて、最終的には市原和子さんの住所すら書かれていない取り下げ書面を裁判所に直送した。弁護団側に本人の意思確認もさせずに「カトリック信者に騙された」とか「彼女は認知症だ」とかいう偽りの理由を並べ、無理やり取り下げたのである。これは前代未聞の事件であり、原告を代理人弁護士から隔離した状態で行われた陰湿な妨害行為である。原告側を悪人呼ばわりして罵倒し、「市原さんが裁判をするから甥が機長になれない」といった嘘を伝えて市原さんを言い包めたのであって、侮辱罪に問われてもおかしくはない。

この事務局長とそれに協力した人々は、一生、重い罪を背負うことになる。なぜならば、市原和子さんの「弟が操縦した飛行機で墜落死した乗客の遺族、吉備素子さんを救いたい」という善意を無にしたからである。しかも、この事務局長は元日航社員でありながら市原さん個人の気持ちを踏みにじったばかりではなく、市原さんの長年の信仰仲間を冒瀆した。さらに、日航123便の乗客の遺族である吉備素子さんをはじめ、絶望的な状況下、最後まで必死に乗客を救う努力をし続けた同僚たちを貶めた。裁判を妨害したことは、元客室乗務員でありながら信じられないほど愚かな行為である。心からの謝罪がない限り、到底許されるはずがない。こうした、裁判の過程で起きた謀略ともいえる不可解な出来事や、被告の法廷内での横暴なふるまいについては拙著『JAL裁判――日航123便墜落事件』をじっくり読んでいただきたい。

そして舞台は控訴審へ移った。二〇二三年二月二十一日、東京高等裁判所での口頭弁論初日、この日のために両足の股関節手術を終え、必死のリハビリを重ねた末、ようやく自らの足で歩くことができるようになった吉備素子さんは、娘さんと一緒に出廷し本人陳述をおこなった。その陳述はその場にいた誰もが感動し、思わず拍手が起きた。しかし驚いたことに、それまで蚊の鳴くような声で発言していた土田昭彦裁判長が「拍手はしない！」と大声で傍聴席を圧した。吉備さんの姿が目に映っていないかのようなそのふるまいには、第一回弁論のみで結審しようという意思が見え隠れしているようにも思えた。しかし吉備さんの陳述と弁護団による熱のこもった証拠説明によって、なんとか弁論を続ける機会が与えられたのだった。それにしても裁判所は一審に引き続き真相を究明しようという態度からは程遠いように感じられる。

日本は法治国家である。しかし「法の支配」とはいうものの、司法の場が適切に機能しているとは到底いいがたい。不都合な真実は隠蔽しようとする意思が露骨に表れているのがこの日航123便裁判だといえる。裁判長の言動は、その意味で実にわかりやすい。

二〇二三年四月十一日、第二回目の口頭弁論期日も、吉備素子さんは娘さんと共に出廷して、日航による和解交渉のいい加減さと、他の遺族への配慮と気遣いを陳述した。多くの傍聴人の前で堂々と大きな声でしっかりと話す様子は、その場にいた誰もが深い感銘を受けた。さすがに今回は裁判長もじっくりと聞かざるを得ず、終わった後の拍手に対してもあまり強くは制しなかった。

吉備さんが法廷で語った他の遺族への気遣いとは何か？　それは、つぎのようなことであった。

「他の遺族の方も、あきらめているわけではないんです。日航や他の人たちに傷つけられるのが怖いんです。すごく皆さん怖がっているんです。他の遺族の気持ちをわかっていますから、私一人で頑張りました。ただ一緒に参加してくれた市原さんには本当にありがたく、感謝していますが、結局みんなに取り囲まれて、取り下げさせられて……。市原さんは傷ついてしまったんですね。本当に気の毒なことをしたと、私自身後悔して申し訳なかったと思っています。そういう状態ですので、ここまでようやく来たんですね。他の遺族も何もしないわけじゃないんです。みんな、知りたいんです。知りたいんですけど、傷つくのが怖いんです。そこを十分にわかっていただいたらと思います」

吉備さんの発言からも、日本航空は長年にわたって真相の究明を拒み、逆に遺族を傷つけてきたことがわかる。この会社ぐるみの横暴なふるまいを、赤坂祐二社長はどう解釈するのだろうか。それは企業としてはあってはならない品格の欠如であり、今回の裁判では改めてそれが露見したのである。

さて、私たちはどうすればこういった悪行を許さずに、まっとうな世の中にしていけるのだろうか。そのためには、誰の心の中にも潜む悪意との闘いに勝つしかない。

日本航空は、昔のように社員が意見を言い合う風土もなければ組合活動が活発でもなく、異論を唱えることも少ない社風になっていると聞く。平穏無事な生活を求め、自社の悪行に目を背けて、不気味なほど裁判自体を無視してきた。もちろん、一部の社員や元社員は、これは理不尽だと思い、吉備さんの気持ちに寄り添ってくれた。このように、「人としてなすべきことをなす」という社員にはとても助けられた。

日航側代理人弁護士は、弁護士としてのプライドがあるならば、あのような数枚の新聞記事と国内旅客運送約款のコピーを提出しただけで勝てるはずがないことは十分に承知しているはずである。つまり、単に勝たせてもらっただけだとわかっているはずだ。実際、原告側の証拠に反論することは一切なかった。もしその裏側で、市原和子さんの取り下げ事件に関与していたならば弁護士法違反であり、懲戒処分になってもおかしくない。

一方、遺族たちはどうだろうか。「8・12連絡会」の美谷島事務局長は、裁判開始後も一切その様子を会報で報じることなく、柳田邦男氏を後ろ盾として無言をつらぬいており、その姿が「遺族とは思えない」、「日航や国交省と個人的に取引をしているのではないか」、「非科学的な解説書にお墨付きを与えた柳田邦男氏と一緒に御巣鷹登山をしているのはおかしい」、「欺瞞を感じる態度や講演会での言動が日航の言いなり」といった声が多数寄せられた。

おそらく幼い子供を失った彼女なりの苦悩の果てに、何かを条件として日航側と手を組んだのだろうと推察されるが、二〇一〇年の日航倒産時を境に、それ以前の彼女とその後の態度が180度変化したことは、日航社内でさかんに話されていたと聞く。

しかし「8・12連絡会」のホームページに「事故原因の究明を厳しく監視し、事故原因が曖昧にされてしまうことがないよう〜」という趣旨を掲げている以上、当然のことながら墜落原因の情報開示裁判を遺族の会員に伝える使命があるはずだ。しかし、会報で裁判情報を伝えず、さらにこの重大な裁判を無視すること自体が不自然である。この美谷島事務局長のおかしなふるまいが、逆にJALに利用されて国土交通省と秘密裏に取引をしているようだと世間に見られてしまうのは当然だ。彼らの言いなりになることこそが遺族への供養だと信じているとすれば、本当に心が痛むほど気の毒な話である。

ここで、今一度明確にしておきたいことがある。事故によって愛する人の命が奪われた場合、残された遺族は加害者を憎み、恨む。そしてその苦悩の果てに許しの気持ちが訪れる。あらゆる事故において、遺族はそう答えている。つまり加害者がわかってこそ初めて気持ちの整理に向き合えるのである。

しかし、この日航123便墜落事件は、加害者どころか、何の誰による犯行なのかすら明らかになっていない。このように、犯人がわからない段階で、「もう年月が経ったからそろそろ相手を許すべきだ」とか、「許すのが良い人でいつまでもしつこい人が逆に悪い人」という印象をあたえる風潮や言動は、絶対に許されない。

さらに根本的な墜落原因がいまだに不明だからこそ、客観的な科学的根拠は不可欠であり、それをいかにもわかったように「これ以上の追及や科学的な分析は不要だ」とか、「原因追及は人を癒さない」、「私たちはもういいのです。お互いの心に寄り添います」などと安易に言うべきではない。これらの言葉は、加害者が明らかになり、加害者からの謝罪が十分になされた段階で初めて遺族や支援者たちが口にする言葉である。逆に真相が不明な段階にあっては、事件の究明を妨げ、真相の隠蔽に加担することになる。日航123便事件を未解決事件に追いやることはあってはならない。墜落原因に疑問を持つ遺族に対する泣き寝入りの強要は決してしてはならないのである。

柳田邦男氏は、二〇〇五年に設置された社外有識者からなる諮問機関「安全アドバイザリーグループ」の座長で、安全啓発センターの設立にも関わる人物だが、「異常外力の着力点」の再調査には言及もせず、その後の取材をすることもなく、裁判をも無視し続けている。水深百六十メートルの相模湾の海底から機体残骸を引き上げずに、深くて困難だと言い訳だらけの「事故調査報告書」解説書に対して、「この解説書の大きな意義～納得感のある開かれた事故調査への一歩～」と述べているが、その発言に客観性があるとは言いがたい。ジャーナリストと名乗る資格があるのだろうかとさえ思われてくる。これらの言動は、自分の仕事を放棄して、当たり前のこともせず、臭いものに蓋をする行為である。いくらマスコミが持ち上げたとしても、いまだに日航の用意した安楽な椅子に座り続けながらの発言は、逆に世間を不愉快にさせていることに気づいておられるのだろうか。

こういう世の中であり続けてよいのだろうか。そして、一体いつまで隠蔽し続けるのだろうか。隠したい側に加担する人間は、真相を追究する人間を必ず悪人呼ばわりする。そうしていつまでも世間を欺き、事実を直視させず、裁判すら無かったことにしたい日航の手先となった人たちは、真相を知りたい遺族のみならず、全国民の知る権利を積極的に封じ込めることになるのである。一体、521人の命と引き換えに日航側から何をもらい、どのぐらいの金銭を得て加担し続けているのか。そんなことは墜落死した全員が望んでなどいない。

しかも、重要な証拠物である生のボイスレコーダーは、墜落時、税金が投入された国策会社で、いまは単なる民間企業にすぎない日航の手の内にあるのだ。裁判所がそれを許し、不開示にお墨付きを与えては法治国家とは言えない。本来ならば、裁判にかけられる前に公共交通機関の責務として、ただちに遺族に情報を公開すれば済む話である。それを実行できない航空会社に、命を預けることなどできない。

なんでもお金で解決が出来ると錯覚させるこの世の中において、絶対にお金では解決できないもの、それは人を思う〝愛〟である。

四カ月もの長い期間、蛆虫が這い悪臭が漂う遺体安置所で、異様ともいえる状況下、炭と化した遺体や細切れに分断された遺体と向き合い、夫の肉体を探し続けた吉備素子さんの愛は、裁判という場で大きな感動を呼んだ。

愛する人を失った人たちは、今こそ心を奮い立たせて、悪意に立ち向かわなければ、重い扉は開かれないのである。それが為されない限り、悲しい思いをする人を増やしてしまう。その扉を開けることが出来るのは、これもまた、〝愛〟でしかない。

世界中の不透明な航空機事故で愛する人を失った方々に、この本を捧げる——。

二〇二三年五月一日

青山透子

主な参考文献（発行年順）

一九八五年八月一日から二〇一八年五月三十日までの新聞各紙（順不同）
朝日新聞、毎日新聞、読売新聞、東京新聞、サンケイ新聞、しんぶん赤旗、上毛新聞、信濃毎日新聞、日本経済新聞、中日新聞、The Japan Times

【書籍】
日本アジア・アフリカ連帯委員会編『ベトナム黒書――アメリカの戦争犯罪を告発する』労働旬報社　一九六六年
ベトナムにおける戦争犯罪調査日本委員会編『ジェノサイド――民族みなごろし戦争』青木書店　一九六七年
群馬県警察本部『日航機墜落事故事件――身元確認100事例集』群馬県警察本部　一九八六年
吉岡忍『墜落の夏――日航123便事故全記録』新潮社　一九八六年
大國勉『歯や骨からの個人識別』フリープレス　一九九〇年
大國勉『身元確認――歯や骨からのアプローチ』フリープレス　二〇〇一年
マイクル・ベイデン＆マリオン・ローチ／翻訳　春日井晶子『科学が死体に語らせる――驚異の法医学捜査最前線』早川書房　二〇〇二年

名古屋空港中華航空機事故遺族会『空へ――この悲しみを繰り返さないために～遺族たちの三六五〇日』毎日新聞名古屋開発　二〇〇四年
青山透子『天空の星たちへ――日航123便　あの日の記憶』マガジンランド　二〇一〇年（二〇一八年五月に河出書房新社より『日航123便墜落　疑惑のはじまり――天空の星たちへ』と改題して再刊）
中曽根康弘『中曽根康弘が語る戦後日本外交』新潮社　二〇一二年
北村行孝・鶴岡憲一『日航機事故の謎は解けたか――御巣鷹山墜落事故の全貌』花伝社　二〇一五年
小田周二『524人の命乞い――日航123便乗客乗員怪死の謎』文芸社　二〇一七年
青山透子『日航123便　墜落の新事実――目撃証言から真相に迫る』河出書房新社　二〇一七年
押田茂實『死体からのメッセージ――真相を求め続けた法医学者の証言』洋泉社　二〇一八年
岡本勉『1985年の無条件降伏――プラザ合意とバブル』光文社　二〇一八年

【裁判記録】
恵庭OL殺人事件裁判記録
札幌高等裁判所判決／平成一五年（う）第一六三号／判決日付平成一七年九月二九日

札幌地方裁判所判決／平成二四年（た）第三号／再審請求事件／判決日付平成二六年四月二一日

【論文・報告書】

肝付兼博「航空機用アルミニウム合金の現況と問題点」日本航空宇宙学会誌第20巻第225号　一九七二年
岩間彬・青柳鐘一郎・木村元雄・井原博之「安全のためのゲル化ジェット燃料およびロケット推進剤」燃料協会誌51巻2号　79—95頁　一九七二年
警察庁との覚書「航空事故調査委員会設置法案に関する覚書」運輸省　一九七二年
群馬県医師会編「日航123便墜落事故の際の群馬県医師会の対応」群馬県医師会　一九八六年
群馬県総務部消防防災課編「日航123便墜落事故対策の記録」群馬県　一九八六年
古川研「日航機墜落事故現場報告」日本法医学会　一九八六年
古川研・鈴木和男「日航機墜落事故に関する特別報告」日本法医学界　一九八六年
群馬県歯科医師会編「日航ジャンボ機墜落と歯科医師の記録」群馬県歯科医師会　一九八六年
日航123便事故と医師会の活動編集委員会編「日航123便事故と医師会の活動」群馬県医師会　一九八七年

運輸省航空事故調査委員会「航空事故調査報告書——日本航空株式会社所属ボーイング式747SR—100型JA8119・群馬県多野郡上野村山中昭和60年8月12日」一九八七年
8・12連絡会原因究明部会編「ボーイング747（JA8119号機）はなぜ墜落したか——事故調査経過の整理と提言」8・12連絡会原因究明部会　一九八七年
日航123便墜落事故遭難者遺族有志上野村セミナー組織委員会編「上野村セミナー」一九八九年
日航123便事故遭難者遺族有志航空安全国際ラリー組織委員会編
「航空安全国際ラリー実行委員会」一九九〇年
「航空安全国際ラリー第3回」一九九一年
「航空安全国際ラリー第4回」一九九二年
「航空安全国際ラリー第5回」一九九六年
「航空安全国際ラリー第6回」一九九八年
「航空安全国際ラリー第7回」一九九九年
「国際民間航空条約第13付属書第8版」財団法人航空振興財団　一九九四年
運輸省事故調査委員会「中華航空公司所属エアバス・インダストリー方式A300B4—622R型B1816名古屋空港・平成6年4月26日」一九九六年
警察庁との覚書「運輸安全委員会設置法の運用について」国土交通省　二〇〇八年

警察庁との覚書「警察庁と運輸安全委員会との間の犯罪捜査及び事故調査の実施に関する細目」警察庁・運輸安全委員会事務局　二〇〇八年
行政監視委員会調査室・畠基晃「ドイツ国会の防衛オンブズマン——防衛監察委員制度」立法と調査No.290　103—111頁　二〇〇九年
運輸安全委員会事務局「日本航空123便の御巣鷹山墜落事故に係る航空事故調査報告書についての解説」二〇一一年
8・12連絡会「御巣鷹山墜落事故に係る航空事故調査報告書の解説書が事故から26年目に作られ、公表されたことを受けて」8・12連絡会　二〇一一年
一般社団法人中部航空宇宙産業技術センター・中沢隆吉、中菱エンジニアリング株式会社・伊原木幹成「航空機におけるアルミニウム合金の利用の概況と今後——輸送機器の軽量化に向けた軽量金属材料の挑戦」一般社団法人日本鍛造協会　二〇一四年
日本弁護士連合会「日米地位協定の改定を求めて——日弁連からの提言」日本弁護士連合会　二〇一四年
吉田英雄「日本における航空機用アルミニウム合金開発の歴史——零戦からボーイング777まで」Journal of The Japan Institute of Light Metals, Vol.65, No.9　432—440頁　二〇一五年
吉田英雄・林稔・則包一成「航空機用アルミニウム合金開発の最近の動向」軽金属学会誌第65巻第9号　441—454頁　二〇一五年

（また、註の作成にあたっては、新聞やネット情報も参照させていただいた）

＊本書は二〇一八年に小社より刊行された単行本を文庫化したものです

日航123便墜落
遺物は真相を語る

二〇二三年 八 月一〇日 初版印刷
二〇二三年 八 月二〇日 初版発行

著 者 青山透子

発行者 小野寺優
発行所 株式会社河出書房新社
〒一五一－〇〇五一
東京都渋谷区千駄ヶ谷二－三二－二
電話〇三－三四〇四－八六一一（編集）
〇三－三四〇四－一二〇一（営業）
https://www.kawade.co.jp/

ロゴ・表紙デザイン 粟津潔
本文フォーマット 佐々木暁
本文組版 株式会社ステラ
印刷・製本 凸版印刷株式会社

Printed in Japan ISBN978-4-309-41981-7

日航123便　墜落の新事実

青山透子　41750-9

墜落現場の特定と救助はなぜ遅れたのか。目撃された戦闘機の追尾と赤い物体。仲間を失った元客室乗務員が執念で解き明かす渾身のノンフィクション。ベストセラー、待望の文庫化。事故ではなく事件なのか？

日航123便墜落　疑惑のはじまり

青山透子　41827-8

関係者への徹底した取材から墜落の事件性が浮上する！ベストセラー『日航123便墜落の新事実』の原点にして渾身のヒューマンドラマ、待望の文庫化。

連合赤軍　浅間山荘事件の真実

久能靖　41824-7

日本中を震撼させた浅間山荘事件から50年。中継現場から実況放送した著者による、突入までの息詰まる日々と事件の全貌をメディアの視点で描く。犯人の証言などを追加した増補版。

樺美智子、安保闘争に斃れた東大生

江刺昭子　41755-4

60年安保闘争に斃れた東大生・ヒロインの死の真相は何だったのか。国会議事堂に突入し22歳で死去し、悲劇のヒロインとして伝説化していった彼女の実像に迫った渾身のノンフィクション。

宮武外骨伝

吉野孝雄　41135-4

あらためて、いま外骨！　明治から昭和を通じて活躍した過激な反権力のジャーナリスト、外骨。百二十以上の雑誌書籍を発行、罰金発禁二十九回に及ぶ怪物ぶり。最も信頼できる評伝を待望の新装新版で。

複眼で見よ

本田靖春　41712-7

戦後を代表するジャーナリストが遺した、ジャーナリズム論とルポルタージュ傑作選。権力と慣例と差別に抗った眼識が、現代にも響き渡る。今こそ読むべき、豊穣な感知でえぐりとった記録。

私戦

本田靖春　41173-6

一九六八年、暴力団員を射殺し、寸又峡温泉の旅館に人質をとり篭城した劇場型犯罪・金嬉老事件。差別に晒され続けた犯人と直に向き合い、事件の背景にある悲哀に寄り添った、戦後ノンフィクションの傑作。

皇室の祭祀と生きて

髙谷朝子　41518-5

戦中に十九歳で拝命してから、混乱の戦後、今上陛下御成婚、昭和天皇崩御、即位の礼など、激動の時代を「祈り」で生き抜いた著者が、数奇な生涯とベールに包まれた「宮中祭祀」の日々を綴る。

カルト脱出記

佐藤典雅　41504-8

東京ガールズコレクションの仕掛け人としても知られる著者は、ロス、NＹ、ハワイ、東京と九歳から三十五歳までエホバの証人として教団活動していた。信者の日常、自らと家族の脱会を描く。待望の文庫化。

チッソは私であった

緒方正人　41784-4

水俣病患者認定運動の最前線で闘った緒方は、なぜ、認定申請を取り下げ、加害者を赦したのか？　水俣病を「文明の罪」として背負い直した先に浮かび上がる真の救済を描いた伝説的名著、待望の文庫化。

官報複合体

牧野洋　41848-3

日本の新聞はなぜ政府の“広報紙”にすぎないのか？　権力との癒着を示すさまざまな事件をひもとき、「権力の応援団」となっている日本メディアの大罪を暴いていく。

情報隠蔽国家

青木理　41849-0

警察・公安官僚の重用、学術会議任命時の異分子排除、デジタル庁による監視強化、入管法による排外志向、五輪強行に見る人命軽視……安倍・菅政権に通底する闇を暴く。最新の情報を大幅増補した決定版。

東京裁判の全貌

太平洋戦争研究会〔編〕　平塚柾緒　40750-0

現代に至るまでの日本人の戦争観と歴史意識の原点にもなった極東国際軍事裁判。絞首刑七名、終身禁固刑十六名という判決において何がどのように裁かれたのか、その全経過を克明に解き明かす。

満州帝国

太平洋戦争研究会〔編著〕　40770-8

清朝の廃帝溥儀を擁して日本が中国東北の地に築いた巨大国家、満州帝国。「王道楽土・五族協和」の旗印の下に展開された野望と悲劇の四十年。前史から崩壊に至る全史を克明に描いた決定版。図版多数収録。

大日本帝国最後の四か月

迫水久常　41387-7

昭和二〇年四月鈴木貫太郎内閣発足。それは八・一五に至る激動の四か月の始まりだった——。対ソ和平工作、ポツダム宣言受諾、終戦の詔勅草案作成、近衛兵クーデター……内閣書記官長が克明に綴った終戦。

アメリカに潰された政治家たち

孫崎享　41815-5

日本の戦後対米史は、追従の外交・政治史である。なぜ、ここに描かれた政治家はアメリカによって消されたのか。沖縄と中国問題から、官僚、検察、マスコミも含めて考える。岸信介、田中角栄、小沢一郎…。

ほんとうの中国の話をしよう

余華　飯塚容〔訳〕　46450-3

最も過激な中国作家が十のキーワードで読み解く体験的中国論。毛沢東、文化大革命、天安門事件から、魯迅、格差、コピー品まで。国内発禁！三十年の激動が冷静に綴られたエッセイ集。

韓国ナショナリズムの起源

朴裕河　安宇植〔訳〕　46716-0

韓国の歴史認識がいかにナショナリズムに傾いたかを1990年代以降の状況を追いながら、嫌韓でもなく反日でもなく一方的な親日でもない立場で冷静に論理的に分析する名著。

著訳者名の後の数字はISBNコードです。頭に「978-4-309」を付け、お近くの書店にてご注文下さい。